Edelsteine als Investment

Dr. Thomas Schröck

Aktuelle GEWINN-Bücher:

G. Wailand, M.Maier (Hg.):	Einfach besser anlegen
G. Wailand, J. Kistner (Hg.):	Der große GEWINN-Geldratgeber für die Generation 50+
G. Wailand, J. Kistner (Hg.):	Investieren in schöne Dinge
G. Wailand, J. Kistner (Hg.):	Privat versichern, aber richtig
J. A. Mertzanopoulos, G. Wailand, E. Brenner (Hg.):	Das ABC der Karriere

ISBN: 978-3-901184-54-3
EAN: 9783901184543

Erschienen im GEWINN-Verlag, Stiftgasse 31, A-1070 Wien
Coverfoto: Peter Schmidt
Layout und Grafiken: Peter Watzal
Lektorat: Renate Hofbauer
Druck: Dimiograf Customer Vision

Danksagung

Meinen Dank beginne ich bei meinen Eltern: Danke, dass ihr meine Sammelleidenschaft für Mineralien ab dem etwa 8. Lebensjahr unterstützt habt und sogar mit mir „Steine klopfen" gegangen seid. Der Bergkristall vom Felbertauern, mit dem alles begonnen hat, liegt noch zu Hause.

Dann ein „Danke" an Ronald Stoeferle, Sachbuch-Bestsellerautor der in einem Nebensatz zu mir bemerkte: „Warum publizierst du dein Wissen nicht in einem Buch?" Nun lieber Ronald, hier ist es. Ronald hatte die Idee, Rudolph Lobmeyr hat mich mit dem GEWINN-Verlag verbunden und dann das Buch bis zum Erscheinen begleitet, auch dir ein „Danke".

Danke an Andy: Du hast es ausgehalten, wenn ich während des Schreibens unleidlich war, wenn ich Dateien und Daten nicht gefunden habe und ob des näher kommenden Abgabetermins für mich selbst schon unausstehlich wurde.

Viele der Bilder in diesem Buch stammen von den Goldschmiedemeistern Norbert Graf und Edwin Surin. Danke euch beiden für die schönen und ausgezeichnet ausgeführten Arbeiten und dafür, dass ich euer Bildmaterial in diesem Buch verwenden darf.

Dr. Thomas Schröck,
September 2017

Inhaltsverzeichnis

Die Faszination des Schönen

Die magische Anziehungskraft edler und wertvoller Steine

Die Reisenden drängen sich um den Tisch, auf dem funkelnde Edelsteine liegen. Die einen faszinieren die Diamanten, andere wiederum haben sich in einen Rubin verliebt, wieder andere fühlen sich vom Smaragd angezogen. Diese Szene spielt sich weltweit und immer wieder gleich ab. Edelsteine locken und verlocken, sie bieten zu der Schönheit auch emotionale und rationale Facetten (man kann sie als Schmuck sichtbar für alle tragen und man kann sie als „Fluchtwährung" diskret nutzen). Jeder hat Präferenzen für bestimmte Edelsteine, für deren Farben und Schliff – nur: Bei aller Bewunderung für das Edle fühlen sich die meisten in solchen Situationen überfordert.

Was ist echt, worauf kommt es an, woher kommt dieser Stein, ist der Preis angemessen, kann und soll man ihn als Schmuck verarbeiten lassen? Das sind nur einige der vielen Fragen, die auftauchen.

Gerade deswegen ist es bemerkenswert, dass es zwar viel Literatur über einzelne Steine und deren Vorkommen gibt – aber ein Buch, das Edelsteine als Investment behandelt, findet man kaum. Darum haben wir vom Wirtschaftsmagazin GEWINN uns sehr schnell von den fachkundigen Texten und der enormen Expertise von Dr. Thomas Schröck begeistern lassen. Der Autor, ein vielseitig interessierter und weltweit gereister Fachmann, lädt Sie zu einer großartigen Weltreise ein.

Beginnen Sie zu lesen, erfahren Sie alles über die Welt der Diamanten, über die phantastischen Rubine, über die Saphire, die Smaragde. Tauchen Sie ein in die Geschichte dieser seltenen Steine, erfahren Sie, wie und wo sie in Mozambiqe, in Namibia, in Sri Lanka, in Thailand, in Burma, in Indien etc. gefunden und vermarktet werden. Dazwischen lüftet der Autor in kurzen Passagen immer wieder den Vorhang zu bemerkenswerten Geschichten rund um die Edelsteine, vom legendären Koh-i-noor über den Cullinan bis hin zum „Florentiner“ in der österreichischen Geschichte.

Und er macht auch einen Blick hinter die Kulissen des Investments möglich: Welche Größen gehandelt werden, wie die Steine bearbeitet werden und wie man das erkennen kann, wie Steine verändert werden können, welche im Preis stagnieren und welche rasant teurer werden, welche Zertifikate geschätzt und welche wenig Wert haben, wie man Imitate und Fälschungen erkennen kann, welche Schliffe gefragt sind, wo man am sichersten kaufen kann.

Gekrönte Häupter haben sich immer mit Edelsteinen geschmückt – diese Sehnsucht ist bis heute geblieben, leistbar für viele, aber nur dann ungetrübt, wenn man weiß, worauf es ankommt!

Dieses Buch „Edelsteine als Investment“ ergänzt in idealer Weise die bisherigen Bestseller aus dem GEWINN-Verlag, die sich mit der Geldanlage in Aktien, in Immobilien, in Kunst- und Sammlerwerte etc. befasst haben. Es wurde möglich, weil ein Begeisterter dieser Welt der Edelsteine es auf sich genommen hat, sein enormes Wissen zu Papier zu bringen. Dr. Thomas Schröck hat sein Wissen als Gemmologe in Bombay, Bangkok und Hongkong abgerundet, er war selbst jahrelang Juwelier und ist Eigentümer eines Diamant Invest Edelsteinhandels. Darüber hinaus hat er eine besondere Gabe, dieses tiefe Fachwissen in präziser und populärer Form weiterzugeben.

Seine engen Kontakte zu anderen Edelsteinexperten haben es auch möglich gemacht, dieses Buch attraktiv zu illustrieren. Denn schließlich geht es hier nicht um Bits und Bytes, sondern um wundervolle Stücke, deren Anziehungskraft von ihrer Erscheinung getragen wird.

„Das Schönste, was wir erleben können, ist das Geheimnisvolle“, so zitiert der Autor den berühmten Albert Einstein.

Wie recht er doch hat!

Ich wünsche Ihnen als Herausgeber eine angenehme Lektüre – in dem Bewusstsein, dass Sie ein ganz besonderes Buch in Händen halten, das Sie lange erfreuen wird. Edelsteine sind wie Botschafter aus einer anderen Welt – tauchen Sie ein in das Geheimnisvolle, das zu I h r e m Geheimnis wird!

Dr. Georg Wailand
Oktober 2017

Einleitung

Wer jemals den Ausstrahlungswechsel eines sehr guten Rubins von einem intensiven Rot bei Tageslicht, auf ein von Innen heraus glühendes und funkelndes Rot im Kerzenlicht, die tiefen blauen Lichtreflexe eines Saphirs, das intensive Grün eines Smaragds mit seinen feinen Einschlüssen gesehen hat, den wird diese von der Erde geschaffene Schönheit nie wieder loslassen.

Dass bei Menschen[1]. Faszination für die Schönheit, gepaart mit dem Glauben an den Wert von Edelsteinen vorliegt, mögen die drei folgenden kurzen Geschichten illustrieren:

Am 12. Mai 2015 wurde bei Sotheby's in Genf einer der größten und besten Rubine der Welt versteigert. Als der Hammer fiel, war ein neuer Höchstpreis von 30,42 Mio. US-Dollar für einen 25,59 Karat[2] schweren Stein geboten.

Bevor Kaiser Karl I, Kaiser von Österreich und König von Ungarn, nach seiner Abdankung seine Regierungsstätte endgültig verließ, sandte er in der Nacht vom 31. Okt. auf den 1. Nov. 1918 seinen Oberstkämmerer in die Schatzkammer der Hofburg, um den Familienschmuck der Habsburger zu entnehmen. Dazu den „Florentiner", einen 137,2 Karat großen gelben Diamant. Zu dieser Zeit war dieser Stein der viertgrößte Diamant der Welt.

Menschen, deren Eltern gerade noch erfolgreich vor den Nationalsozialisten flüchten konnten, erzählen, dass der Erhalt eines Reisepasses gegen die Übergabe eines Halbkaräterdiamanten pro Person möglich war.

Die Gemeinsamkeit der drei Geschichten: Menschliche Faszination und Wertschätzung für kleine, glitzernde und glänzende Steine sowie Werterhalt und Wertkonzentration auf kleinstem Raum. Eine einfache Rechnung: Ein halbes Kilo Feingold hat einen Wert von rund 19.000 Euro, ein halbes Kilo ein Karat großer Diamanten feinster Qualität im Brillantschliff hätte einen Wert von rund 50 Mio. Euro (beides Stand Februar 2017). Einen Wert für ein halbes Kilogramm feinster Rubine kann ich gar nicht nennen, da ich nicht wüsste, woher diese große Menge zu beziehen wäre. Damit möchte ich gleich mit einem Mythos aufräumen: Der Seltenste von den „großen Vier" Edelsteinen in feiner Qualität (Diamant, Rubin, Saphir, Smaragd) ist nicht der Diamant, sondern der R u b i n.

1) Dieses Buch richtet sich an Frauen und Männer gleichermaßen. Der leichteren Lesbarkeit wegen wird im Fließtext die grammatikalisch männliche Form verwendet.

2) Ein Karat=0,2 g

Seitdem wir Aufzeichnungen der menschlichen Geschichte haben, kommen in diesen Schriften immer wieder Edelsteine vor: Sei es bei den legendären Minen der Königin von Saba, sei es die Brustplatte des Hohepriesters mit den zwölf Steinen im Alten Testament der Bibel, seien es in den letzten Jahrhunderten die Geschichten eines Diamant, der Unglück bringen soll, dem „Koh-i-Noor".

Was macht einen Edelstein aus? Die Antwort ist einfach: Seine Seltenheit und seine Begehrtheit. Je seltener und je begehrter etwas ist, desto höher wird sein Preis sein, egal ob in der Kunst, bei Uhren, bei Oldtimern oder bei Edelsteinen.

Edelsteine sind der wohl emotionalste Bereich der Wertaufbewahrung: Nichts anderes von Wert wird so nahe am Körper getragen und damit wird auch nichts anderes so oft am Tag von der Haut berührt.

Viele Bücher wurden zu Schmuck und Edelsteinen im Besitz von Herscherhäusern und auch zur Mineralogie und Gemmologie[3] geschrieben. Wenig Literatur existiert zum Thema „Investment in Edelsteine". Diese Lücke möchte das vorliegende Buch schließen.

Daneben werden Sie in diesem Buch Tipps zum „richtigen", also effektiven und effizienten Schmuckkauf finden. Bevor man einen Juwelier mit dem Satz, „Ich möchte einen Verlobungsring kaufen und dieser soll (nach amerikanischer Sitte) drei Monatsgehälter kosten", aufsucht, ist Vorbildung zum Thema Diamantkauf sehr hilfreich. Wenn Sie den Unterschied zwischen den Bezeichnungen „ H SI1 IGI vg gd vg faint" und „E IF GIA 3ex non" bereits kennen, können Sie das Kapitel zum Diamanten überblättern, sonst mag es einige interessante Einsichten bringen.

Die Fragen: „Kann ich mit Edelsteinen langfristig Geld verdienen?" oder „Zumindest bei Schmuck den Wert halten?" sind eindeutig mit „Ja" zu beantworten, wenn man einige Dinge beachtet.

Das Wichtigste vorweg: Der heutige Schmuck-, aber auch Edelsteinmarkt wird dominiert von erhitzten, bestrahlten, mit Materialien gefüllten Steinen, die nur noch wenig mit dem Original, wie es aus der Erde kommt, gemeinsam haben. Der Grund dafür ist ein einfacher: Es gibt nicht mehr genug Edelsteine für den Schmuckmarkt, die Minenförderung geht zurück bzw. viele früher berühmte Fundstätten sind erschöpft.

3) Lehre von den Edelsteinen

Einige Beispiele für Behandlungen im Schmuckhandel:

- Fast alle Rubine und Saphire sind hitzebehandelt, hatten also von Natur aus nicht die gewünschte Farbe, diese wird künstlich verbessert.
- Blauer Topas im Handel ist nahezu immer bestrahlt und danach zusätzlich erhitzt.
- Aquamarin, Tansanit, Zitrin und Turmalin werden ebenfalls durch Hitze in der Farbe verändert.
- Die Risse in Steinen werden durch Öle, Harze und Glas geschlossen und gefüllt, die Reinheit damit verbessert.
- Es werden Einschlüsse in Diamanten mittels Laser aus dem Stein „herausgebohrt".

Jeder gute Juwelier bzw. Edelsteinhändler sollte Sie nach internationalem Übereinkommen, auf diese Veränderungen beim Kauf aufmerksam machen. Getan wird es sehr oft nicht.

Hinzu kommen dann ausgesprochen betrügerische Tricks, vor allem beim Einkauf im Urlaub:

- Bei „Schnäppchen" in Touristenläden, zum Beispiel in Hongkong oder Bangkok, werden gerne Diamanten mit abgebrochenen Spitzen oder Facetten verkauft. In der Fassung ist das für den Kunden nicht zu sehen und der Stein hat nicht einmal ein Fünftel des Werts, den er haben sollte.
- Sehr oft bringen Urlauber zum Beispiel aus Sri Lanka oder Indien nur eine Handvoll Synthesen, aber nicht die gewünschten Edelsteine mit nach Hause.

Als Investment taugen all diese Steine nicht. Gewissenhafte Investoren kaufen nur „unbehandelte", also natürliche Steine. Diesem Trend tragen die internationalen Auktionshäuser seit einigen Jahren Rechnung: Schlagen Sie einen Auktionskatalog zum Beispiel von Christie's, Sotheby's, Artcurial oder dem Dorotheum auf und Sie sehen einen Rubin-, Smaragd- oder Saphirring bei dem nur Größe und Gewicht des Edelsteins sowie sein Schätz- und Rufpreis angegeben sind, dann gilt dieser Edelstein als behandelt. Bei natürlichen Steinen finden Sie Anmerkungen wie „no indication of treatment"[4].

Diese natürlichen Edelsteine steigen aufgrund ihrer Seltenheit schneller im Wert und sind so einzig für ein Investment geeignet. Nach Expertenschätzun-

4) „Kein Anzeichen einer Behandlung"

gen hat heute aber schon ab der Mine nur noch ein einziger Stein, von 1.000 Steinen Naturfarbe. Alle anderen werden an Ort und Stelle, zum Beispiel in Burma, Mozambique oder Sri Lanka, behandelt.

Welche Edelsteine eignen sich für ein Investment? Dies sind naturfarbene Rubine, Saphire und Smaragde sehr guter bis ausgezeichneter Qualität ab einem Karat Gewicht aufwärts sowie Diamanten (der Brillant ist eine Schliffform) ab einem halben Karat Gewicht. Die Qualität, Naturfarbe und Unbehandeltheit ist in jedem Fall vom Verkäufer durch ein internationales Zertifikat nachzuweisen. Eine Bestätigung eines lokalen, wenn auch großen Juweliers, zählt nicht als Zertifikat. Dieses internationale Zertifikat erleichtert Ihnen als Besitzer den Verkauf, sollten Sie diesen je ins Auge fassen.

Edelsteine haben auch immer eine starke emotionale Komponente: Jeder Farbstein ist einzigartig, offenbart seinen Charakter vielleicht etwas verschieden unter unterschiedlichem Licht oder lässt durch seine Einschlüsse das Licht auf ganz einzigartige Weise spielen. Edelsteine werden auch seit Jahrtausenden dicht am Körper getragen – es gibt nichts von hohem Wert, das wir so oft berühren, wenn wir es als Schmuck tragen.

Noch etwas Wichtiges: Es gibt auf dem Edelsteinmarkt keine Billigangebote oder „Schnäppchen“, was es aber sehr wohl gibt, sind angemessene Preise!

Ob Sie nun planen einen Verlobungsring mit einem Ein-Karat-Brillanten zu kaufen oder einen schönen Rubinring oder ob Sie sich mit dem Gedanken eines Investments in Edelsteinen tragen: Folgen Sie diesem Buch auf einem Pfad durch Edelsteinkunde, vorbei an Mythen und Anekdoten, über Märkte bis hin zum Erkennen von Fälschungen und verbessernden Maßnahmen.

Noch eine Anmerkung: Alle Edelsteine in diesem Buch werden in Hinsicht auf ihre Fähigkeit als Investmentobjekt beurteilt bzw. wird Schmuckkauf in Hinsicht auf Effektivität und Effizienz dargestellt. Es wird weniger mineralogischen Gesichtspunkten gefolgt, daher werden auch viele Varietäten von Edelsteinen nicht behandelt, wenn sie keine oder nur geringe Bedeutung auf dem Investmentmarkt haben.

Alle Preisbeispiele im Buch erfolgten je nach Stand mit bestem Gewissen, aber ohne Gewähr.

Von links nach rechts: Smaragd, Saphir und Rubin. Die sichtbaren Einschlüsse tragen zum Charakter des jeweiligen Steins bei. Der Smaragd mit „minor oil“, Saphir und Rubin ohne Behandlung

Von links nach rechts: Gelber Saphir, Sri Lanka, Rubin, Mozambique, Saphir, Madagaskar; alle Steine Naturfarbe ohne Behandlung

Foto: Peter Schmidt

Warum Edelsteine als Investment

Was ist wertvoll? Etwas, das selten ist, und etwas, das begehrt ist. Für Edelsteine ist noch zu ergänzen: Steine, die vom Material hart und widerstandsfähig sind. Daraus ergibt sich für ein Investment in Edelsteine schon die nächste Frage: „Welche Edelsteine sind selten u n d begehrt?" Die Antwort ist einfach: Diamant, Rubin, Saphir und Smaragd.

„Die Sultanin von Sulu besaß eine Kette wundervoller Perlen. Wenn Besucher versuchten, ihr diese abzukaufen, sagte sie jedesmal: „Warum sollte ich sie verkaufen?" Die Antwort der Besucher war: „Wir geben dir Geld dafür." Sie sagte darauf: „Was soll ich mit dem Geld machen? Wenn die Feinde kommen, ist das Geld zu schwer, um damit zu fliehen. Meine Perlen kann ich immer mit mir nehmen und wenn ich Geld brauche, kann ich jedesmal eine Perle verkaufen."

C. F. Kunz, 1921,
„International economic importance of
precious stones in times of war and revolution."

Es hilft nichts, wenn ein Edelstein so selten ist, dass die meisten Menschen ihn nicht kennen. Haben Sie schon einmal den Namen „Cordierit" gehört? In bester Qualität ein wunderschöner, tiefblau funkelnder Stein. Optisch zu vergleichen mit den besten Qualitäten des Saphirs, mit dem er zu verwechseln ist. Das Problem mit diesem Stein: Er ist eher weich und niemand kennt ihn.

Wobei die Bekanntheit eines Edelsteins sich sehr rasch ändern kann. Als er entdeckt wurde, kannte niemand den um 1967 in Tansania gefundenen blauen Zoisit. Rasch wurde festgestellt, dass der Name „Zoisit" in englischer Aussprache ähnlich klingt wie „suicide" („Selbstmord"). Verständlicherweise war dies der Vermarktung nicht zuträglich. Daher wurde diese Varietät des Zoisit in „Tansanit" umbenannt. Nach einer sehr erfolgreichen Werbe- und Marketing-Kampagne eines großen US-amerikanischen Juweliers stieg dieser recht weiche (Härtegrad 6,5 bis 7) Farbstein sehr rasch in der Kundengunst und erzielt heute hohe Preise.

Das Gleiche geschah bei einer grünen Granatvarietät aus Ostafrika, dem „Tsavorit“ oder auch „Tsavolit“. Auch dieser Stein erreichte rasch hohe Preise. Bei manchen Edelsteinen wurde ein regelrechter Hype ausgelöst. Bestes Beispiel dafür ist der Paraiba-Turmalin, ein durch Kupfer türkis gefärbter und immer erhitzter (gebrannter) sehr schöner Stein, für den extrem hohe Preise gezahlt werden.

Noch zwei Tipps:

1. Kaufen Sie nur Edelsteine, die Ihnen „sympathisch“ sind. Wenn Sie die Farbe grün absolut nicht mögen, hat die Erfahrung gezeigt, dass sich Käufer dann mit einem Investment in Smaragden oft nicht wohlfühlen und auch größere Schwierigkeiten bei einem möglichen Wiederverkauf haben können.
2. Kaufen Sie nur Edelsteine, die „leben“. Dieser Ausdruck bedeutet, dass Juwelen im Licht funkeln, Reflexe aussenden, interessant wirken und man sie einfach gerne betrachtet. Auch hier zeigt die Erfahrung, dass ein Stein, der „lebt“, Freude bereitet und auch, falls notwendig, leichter zu verkaufen ist.

Zurück zum Kerngebiet des Buches: Dem Investment in weithin begehrte und seltene Edelsteine, die eine große Widerstandsfähigkeit aufweisen. Es folgt eine Kurzdarstellung, mehr zu den einzelnen Edelsteinen weiter hinten im Buch. Wollen Sie sich einen Überblick verschaffen, reicht es, diese Kurzdarstellungen zu lesen, wollen Sie mehr wissen, lesen Sie das jeweilige Kapitel weiter hinten.

Diamant

Viele Investoren werden sich für „weiße" Steine als Basisinvestment entscheiden, auf dem Markt auch „weiße Ware" genannt. Warum „Weiß" unter Anführungszeichen? Weil „Weiß" nicht gleich „Weiß" ist, dieses geht gemäß internationalem Handelsbrauch in der Farbfeststellung von reinem Blau-Weiß bis hin zu getöntem Weiß.

Daneben gibt es die „Farbdiamanten" oder „Fancy Diamonds" in Farben von Gelb über Orange, Grün, Pink, Blau bis hin zu Rot. Diese Steine stellen ein Sondergebiet dar: Auf der einen Seite erzielen Farbdiamanten bei Auktionen regelmäßig die höchsten Karatpreise aller Edelsteine (mit Ausnahme des Rubins), andererseits sind diese Steine für viele Käufer nicht mehr erschwinglich, sobald der Stein ein Gewicht von zumindest einem halben Karat, farbintensiv und möglichst rein sein soll. Ein Preisbeispiel: Ein Halbkaräter in feinstem Blau-Weiß, lupenrein, perfekter Schliff, mag rund 5.000 Euro (pro Stein, nicht per ct.) kosten, ein intensiv rosa Diamant mit gleichem Gewicht und sehr kleinen Einschlüssen kann das Konto mit 60.000 bis 90.000 Euro belasten.

Diamanten sind weltbekannt, können also überall wiederverkauft werden, wenn man das möchte. Sehr viele Existenzen wurden, zum Beispiel nach der Flucht vor den Nationalsozialisten, auf dieser Form des Kohlenstoffs aufgebaut. Daher sind Diamanten eine sehr gute Grundlage für ein Edelsteininvestment.

Hier gibt es zwei Möglichkeiten: Man investiert entweder in lupenreine, ganz hochwertige Ware, immer ab 0,5 Karat pro Stein. Diese Qualität stieg in der Vergangenheit (20 Jahre) stärker im Wert als die Schmuckqualität. Oder man kauft Schmuckqualität, also zum Beispiel Farbe H mit Reinheit SI1, da diese sich leicht verkaufen lässt. Ein Beispiel dazu: Ein Halbkaräter dieser (Schmuck-)Qualität mit perfektem Schliff und internationalem Zertifikat kostet (2017) das rund 1,5-Fache einer Unze Feingold und damit das 1,5-Fache einer Philharmonikermünze und lässt sich damit sehr gut im Notfall auch im alltäglichen Leben einsetzen und eintauschen.

Nur eines muss dem Käufer bewusst sein: In den letzten zehn Jahren sind weiße Diamanten nicht im Wert gestiegen, sie eignen sich zur Wertkonzentration mit Werterhalt auf engstem Raum. Betrachtet man die Preisentwicklung der letzten 20 bis 40 Jahre, sieht die Sache anders aus: Über diesen Zeitraum legten Diamanten stark im Wert zu.

Was spricht für weiße Diamanten als Investment:

- weltweit bekannt und gehandelt,
- standardisiert und leicht beschreibbar,
- Minenertrag geht zurück, man geht immer tiefer bzw. komplexer vor, um an die Rohsteine zu gelangen, daher ist eine Preissteigerung mittelfristig zu erwarten sowie
- Diamanten sind in Röntgengeräten durch den Umstand, dass sie aus Kohlenstoff bestehen, unsichtbar.

Was spricht gegen weiße Diamanten als Investment:

- nicht so selten wie in der Öffentlichkeit propagiert,
- der Markt und damit der Preis wird noch immer von einigen großen Spielern beeinflusst, Stichwort „DeBeers“,
- nur preisstabil über die letzten zehn Jahre, Wertsteigerung nur über sehr lange Frist bisher.

Ringe mit jeweils einem Diamant im Brillantschliff, Gewicht der Steine 0,53 und 0,51 Karat, Qualität H/SI1, Schliff 3x „exzellent“, GIA-zertifiziert, gefasst in 750-Palladium-Weißgold

Ausführung der Ringe und Foto: Norbert Graf

Rubin

Die rote Varietät des Korunds macht ihn über lange Zeit (über mehr als 6.000 Jahre) zum meistbegehrten Stein der Erde. Steht er doch seit alter Zeit für Macht, Durchsetzungskraft und Ausstrahlung. In alter Zeit, bis rund zum Jahr 1400, konnte Diamant nicht facetiert werden, hatte also noch nicht den Rang inne, den er heute hat. Ganz anders beim Rubin: Er ist weicher als der Diamant und konnte damit leichter bearbeitet werden.

Welche Rubine sind für ein Investment geeignet? Zuerst jene Steine mit einem Gewicht über ein Karat, besser über zwei Karat, wenn man es sich zu leisten vermag. Dann: lebhaft rote, funkelnde Steine mit wenigen Einschlüssen. Bei den Farbsteinen sind kleine Einschlüsse erlaubt, diese erhöhen sogar die Attraktivität eines Steins. Die genannten Eigenschaften sollen nun in Rubinen vorkommen, die unbehandelt sind (Schleifen gilt nicht als Behandlung!). Keine Hitzebehandlung, keine Rissfüllung, keine Färbung des Steins durch den Menschen! Das alles ist von einem internationalen Labor in einem Zertifikat zu bestätigen.

Was spricht für Rubine als Investment:

+ große Tradition, weltweit beliebt,
+ extrem seltener Edelstein, auch immer seltener werdend,
+ große Wertsteigerung in den letzten Jahren (fünf bis zehn Prozent pro Jahr über die letzten 15 Jahre),
+ die Minen in Burma sind, wie es scheint, am Ende ihres Lebenszyklus angekommen.

Was spricht gegen Rubine als Investment:

- nicht international standardisiert, Reihe von Farbschattierungen,
- Hype um den Begriff der „Taubenblut-Farbe“; Steine mit diesem Prädikat erzielen auf dem Markt sehr hohe Preise.

Saphir

Dieser Sammelbegriff umfasst alle Farben des Korunds, solange diese nicht rot ist. Für ein Investment wird die Farbe Blau infrage kommen, sie ist die weltweit am meisten Gefragte. Die Anmerkungen, welche Steine sich für ein Investment eignen, sind die Gleichen wie bei einem Rubin, mit einer Ausnahme: Da gefundene Saphirrohsteine meist größer sind als jene von Rubinen, geht die Empfehlung beim Saphir dahin, Investmentsteine erst ab einem Gewicht von zwei Karat zu kaufen, mit Ausnahme höchstqualitativer Steine aus dem Kaschmir-Gebiet und aus Burma, hier beginnt die Investmentqualität bei einem Gewicht von einem Karat.

Was spricht für Saphir als Investment:

+ große Tradition, weltweit beliebt,
+ seltener Edelstein, auch immer seltener werdend,
+ Wertsteigerung in den letzten Jahren (vier bis fünf Prozent pro Jahr über die letzten 15 Jahre),
+ die Minen in Burma sind, wie es scheint, am Ende ihres Lebenszyklus angekommen.

Was spricht gegen Saphir als Investment:

- nicht international standardisiert, Reihe von Farbschattierungen,
- Hype um den Begriff der Farbe „Royalblue".

Weißer Saphir, Sri Lanka, nahezu perfekte Kristallform, 74 Karat Gewicht

Smaragd

Bei diesem grünen Stein handelt sich um die dunkelgrüne Art des Berylls, andere Farben des Berylls umfassen unter anderem Aquamarin (hellblau bis mittelblau), Heliodor (gelb) oder Morganit (rosa).

Anders als beim Rubin oder beim Saphir bringt ein Erhitzen des Steins keine Qualitätsverbesserung. Das wichtigste Merkmal hinsichtlich eines Investments in Smaragd ist, neben seinem Gewicht und seiner möglichst intensiven, grünen Farbe, die Homogenität des Steins. Anders ausgedrückt: Smaragd ist ein sehr spröder Stein, der sehr oft schon ab der Mine behandelt wird. Die Behandlung bestand früher im Einbringen von Zedernöl in den Stein, um Risse unsichtbar zu machen, heute wird dazu zumeist Kunstharz verwendet. Für ein Investment eignen sich vor allem Steine, die im Zertifikat bei der Behandlung zumindest „no treatment", „insignificant" oder „minor" angeführt haben.

Am höchsten bewertet werden Steine aus Kolumbien[5] , gefolgt von jenen aus Sambia, Brasilien und Russland.

Was spricht für Smaragd als Investment:

- große Tradition, weltweit beliebt,
- seltener Edelstein, auch immer seltener werdend,
- Wertsteigerung in den letzten Jahren (drei bis vier Prozent pro Jahr über die letzten 15 Jahre),
- die Minen in Kolumbien sind, wie es scheint, am Ende ihres Lebenszyklus angekommen; vor allem Sambia liefert aber weiterhin gute Qualität.

Was spricht gegen Smaragd als Investment:

- nicht international standardisiert, Reihe von Farbschattierungen,
- viele stark behandelte Steine auf dem Markt.

5) Hier besonders aus der Muzo-Mine, die auch „old mine" genannt wird

Andere Edelsteine als Investment

Steine wie Alexandrit, Tsavorit, Tansanit, Aquamarin, Turmalin oder Spinell können für ein Investment gut geeignet sein, wenn man:

- die oben genannten Arten Diamant, Rubin, Saphir und Smaragd schon besitzt und/oder,
- sich mit Edelsteinen schon länger beschäftigt hat.

Aus Sicht des Autors macht es keinen Sinn, ein Investment mit derartigen Raritäten, bei denen man auch mit großer Marktenge rechnen muss, zu beginnen. Hat man jedoch schon eine gute Basis bei Diamant, Rubin, Saphir und Smaragd geschaffen, kann ein Beimischen Sinn machen.

Schmuckset mit gelben Saphiren, Naturfarbe, keine Behandlung, die beiden großen Steine jeweils mit zehn Karat Gewicht, gefasst in 750 Gelbgold mit Diamanten

Ausführung des Sets und Foto: Edwin Surin

Für wen eignen sich Edelsteine als Investment

Für wen sind Edelsteine als Investment interessant?

- Für Menschen, die schon andere Anlageformen besitzen.
- Für Menschen, die an langfristigem Kapitalaufbau interessiert sind.
- Für Menschen, die etwas besitzen wollen, das seit Jahrtausenden ohne Unterbrechung weltweit geschätzt wird.
- Für Menschen, die etwas besitzen wollen, das leicht transportabel ist und ganz einfach weitergegeben werden kann, gerade auch von Generation zu Generation.
- Für Menschen, die ein (komplementäres) Investmentprodukt suchen, das keine Aufmerksamkeit braucht: keine speziellen klimatischen Bedingungen wie Bilder, keine Erhaltungsarbeiten wie bei Oldtimern und keine speziellen Lagerstätten wie bei Wein.
- Für Menschen, die ihr Investment möglicherweise auch gerne als Schmuck tragen möchten.

Etwas Wichtiges noch vorweg: Auch wenn es immer wieder schnelle Gewinnmöglichkeiten bei einzelnen Edelsteinen gibt, um die ein Hype entsteht, sind diese Naturprodukte als langfristiges Investment mit einem Anlagehorizont von zumindest fünf bis zehn Jahren zu sehen. Als Spekulationsobjekt eignen sie sich nicht!

Edelsteine als Alternative Investments

Würde jemand all sein Geld in zum Beispiel nur einen Aktientitel investieren, so hätte er sowohl ein hohes Gewinn- als auch Verlustrisiko. Steigt der Aktienkurs, verdient der Anleger gutes Geld, fällt der Kurs der Aktie, geht damit auch viel von seinem Geld verloren.

Um ein „Einzelrisiko" zu vermeiden, diversifizieren Anleger, das heißt sie verteilen ihre Mittel auf verschiedene Anlagemöglichkeiten oder Anlageklassen. Was bedeutet das? Die erste Möglichkeit wäre, sein Geld nicht nur in die Aktie eines Unternehmens zu investieren, sondern in Aktien verschiedener Firmen. Hier steht nun die Frage an, wie stark sich die Aktien verschiedener Unternehmen bei einem Börsenanstieg oder Börsenfall in die gleiche Richtung oder in die gegensätzliche Richtung bewegen. Üblicherweise wird man davon ausgehen können, dass zum Beispiel Aktien der Nahrungsmittelindustrie sich gemeinsam in eine Richtung bewegen; man spricht dann davon, dass die Aktien „korreliert" seien.

Etwas weniger Korrelation wird vorliegen, wenn jemand zum Beispiel in Aktien der Nahrungsmittelindustrie und jene der Pharma- oder Automobilindustrie investiert. Eines ist in diesem Zusammenhang festzustellen: wird in mehrere Anlageprodukte und Anlageklassen investiert, wird Risiko reduziert. Gleichzeitig wird auch die Gewinnmöglichkeit innerhalb einer bestimmten Bandbreite festgemacht. Der Grund dafür ist, dass wenn Anlageprodukte wenig korreliert sind, sich also in verschiedene Richtungen bei einer bestimmten Wirtschaftssituation bewegen, eines oder mehrere der Anlageprodukte im Wert fallen werden, während andere aufgrund der geringen Korrelation steigen. Es kommt also nicht nur zu einer „Risikoausgleichssituation", sondern auch zu einer „Gewinnausgleichsituation".

Verschiedene Anlagemöglichkeiten werden in den sogenannten „Anlageklassen" zusammengefasst, die bekanntesten sind:

- Bargeld,
- Spareinlagen und Sparbücher aller Art,
- Wertpapiere (Aktien),
- verzinsliche Wertpapiere (Anleihen),
- Immobilien,
- Alternative Investments, diese werden unterteilt in:
  - Rohstoffe mit den Unterklassen: Gold und andere Edelmetalle, Seltene Erden, Öl, Metalle und die in diesem Buch behandelten Edelsteine,
  - Hedge-Fonds und Wertpapierderivate,
  - Private Equity (die Veranlagung in Form von Eigenkapital in Klein- und Mittelbetriebe),
  - Kunst,
  - Oldtimer,
  - Wein,
  - Uhren.

Alternative Investments im wirtschaftlichen Umfeld

Häufig werden die einzelnen Anlageformen auch als Anlagepyramide dargestellt. Sie zeigt vereinfacht die Gewichtung der verschiedenen Anlageformen.

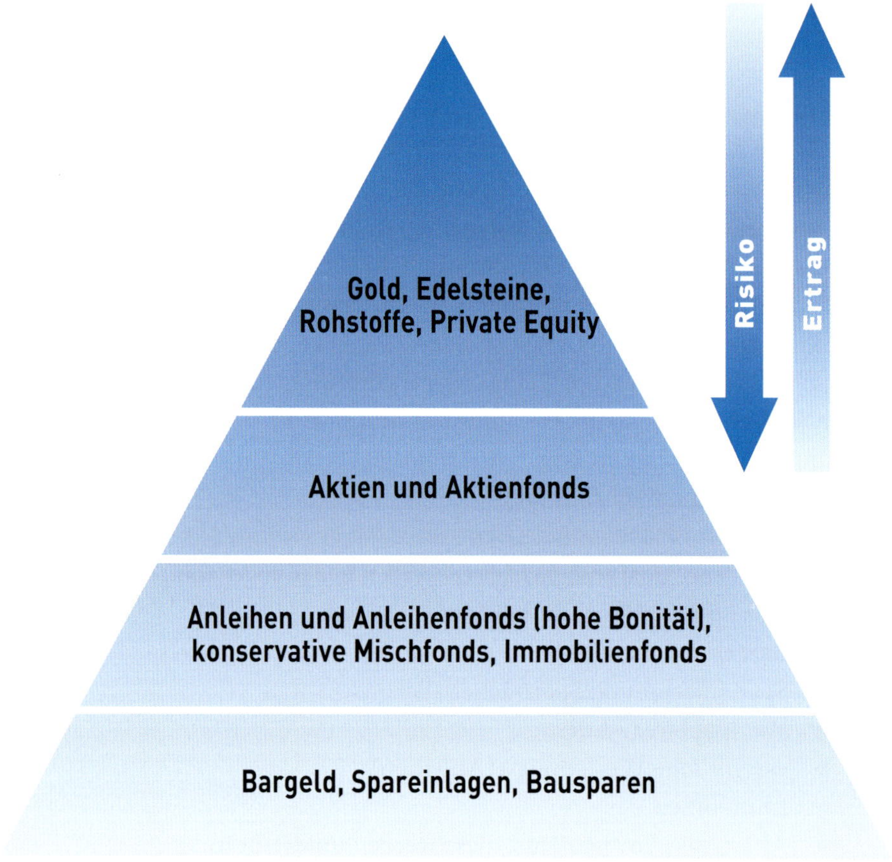

Die Finanzkrise und das wirtschaftliche Umfeld der letzten Jahre, haben allerdings dazu geführt, dass vor allem Immobilien und Alternative Investments wie Edelsteine stärker in das Interesse der Anleger gerückt sind.

Die mit dem Fall der US-amerikanischen Investmentbank Lehman Brothers einsetzende Finanz- und Wirtschaftskrise (Oktober 2008) stellte Sparer vor Herausforderungen. Die entscheidenden Fragestellungen erfolgreicher Veranlagung – Ertrag und Sicherheit – ließen sich immer weniger miteinander vereinbaren, zumindest im Bereich bewährter Sparformen.

Am deutlichsten wird das anhand einer Übersicht über die Veränderung der Leitzinsätze der vergangenen Jahre.

Leitzinssätze (in Prozent)

	2007	2008	2009	2010	2011	2012	2013	2014	2015	2016	2017
Euro-Raum	**4**	**3,25**	**1**	**1**	**1,25**	**0,75**	**0,25**	**0,05**	**0,05**	**0**	**0**
Bulgarien	4,58	5,77	0,55	0,18	0,22	0,03	0,02	0,02	0,01	0	0
Tschechische Republik	2,5	1,53	0,25	0,25	0,25	0,05	0,05	0,05	0,05	0,05	1,05
Dänemark	4,25	3,75	1,2	1,05	0,7	0,2	0,2	0,2	0,05	0,05	0,05
Ungarn	7,5	10	6,25	5,75	7	5,75	3	2,1	1,35	0,9	0,9
Polen	5	5	3,5	3,5	4,5	4,25	2,5	2	1,5	1,5	1,5
Rumänien	7,5	10,25	8	6,25	6	5,25	4	2,75	1,75	1,75	1,75
Schweden	4	3,75	0,25	1	2	1	0,75	0	–0,35	–0,5	–0,5
UK	5,75	3	0,5	0,5	0,5	0,5	0,5	0,5	0,5	0,25	0,25
Norwegen	5,14	4,14	1,75	2	1,99	1,5	1,5	1,36	0,75	0,5	0,5
Schweiz; obere Grenze	3,25	1,5	0,75	0,75	0,25	0,25	0,25	0,25	–0,25	–0,25	–0,25
Schweiz; untere Grenze	2,25	0,5	0	0	0	0	0	–0,75	–1,25	–1,25	–1,25
USA	4,5	1	0,25	0,25	0,25	0,25	0,25	0,25	0,5	0,75	1,25
Japan	0,51	0,3	0,1	0,09	0,08	0,1	0,1	0,1	0,1	–0,1	–0,1

Quelle: Sveriges Riksbank, Schweizerische Nationalbank, Thomson Reuters.
Stand: 4. 9. 2017

Die Tabelle zeigt sehr anschaulich, dass herkömmliches Sparen infolge der Finanzkrise kaum noch Erträge abwirft.

Die Niedrigzinsen führten etwa in Deutschland bereits zur grotesken Situation, dass Sparer teilweise schon dafür zahlen, dass sie Geld bei Banken einlegen. Eine ähnliche Entwicklung konnte auch bei Anleihen beobachtet werden. Bei Anleihen „sicherer" Emittenten akzeptierten Anleger ebenfalls Negativzinsen oder null Prozent Verzinsung, nur risikoreichere Anleihen von schlechter beurteilten Staaten oder von Unternehmen lieferten noch eine attraktive Verzinsung.

Dazu kommen Themen wie hohe Staatsverschuldung, in manchen Staaten seit Ausbruch der Finanzkrise stark gestiegene Arbeitslosigkeit, lange Zeit schwaches Wirtschaftswachstum und eine rasche Erhöhung der Geldmenge.

Um das Wirtschaftswachstum anzukurbeln, griffen die Federal Reserve Bank in den USA und die Europäische Zentralbank neben dem Herabsetzen der Zinssätze auf ein weiteres geldpolitisches Maßnahmenpaket zurück: der Ausweitung der Geldmenge. Dahinter steht der wirtschaftliche Glaube, dass die Konsumenten und die Sparer auf die Ausweitung der Geldmenge durch Konsum und Geldausgabe allgemein positiv reagieren und dass so das Wirtschaftswachstum angekurbelt wird.

Als der Autor dieses Buches noch an der Wirtschaftsuniversität Wien studierte, wurde von den Lehrenden darauf hingewiesen, dass ein solches Vorgehen allerdings zu zwei negativen Auswirkungen führen kann: zu einer Destabilisierung der Wirtschaft und mittel- bis langfristig zu Inflation. Die Gefahr solcher Auswirkungen scheint heute vergessen zu sein.

Gemessen wird das Geldmengenwachstum an der sogenannten „Geldmenge M3“: diese beinhaltet vereinfacht ausgedrückt alles Geld in der europäischen Volkswirtschaft, also Bargeld, Einlagen von Privaten, Einlagen von Banken, etc. Hier eine Übersicht des Wachstums der Geldmenge M3 im Euro-Raum von Jänner 2008 bis Jänner 2017:

Übersicht des Wachstums der Geldmenge M3 im Euro-Raum von Jänner 2008 bis Jänner 2017:

Jahr jeweils Jänner	Geldmenge M3 in Mrd. €	Wachstum in Prozent von Jahr zu Jahr
2008	8.799,8	
2009	9.401,6	+6,84
2010	9.329,5	-0,80
2011	9.325,9	0
2012	9.508,9	+1,97
2013	9.770,1	+2,75
2014	9.870,0	+1,02
2015	10.398,9	+5,36
2016	10.909,2	+4,91
2017	11.431,3	+4,79
Gesamt		**+29,90**

Quelle: OENB, Geldmenge und Gegenposten saisonal bereinigt, https://www.oenb.at/isaweb/report.do?report=1.3.1, Abfrage 24. Juni 2017, eigene Berechnungen

Treffen mehrere der beschriebenen Faktoren wie hohe Staatsverschuldung oder starkes Geldmengenwachstum zusammen, zeigt sich eine Erhöhung der Nachfrage nach Investments abseits der „klassischen Pfade“, nach „alternativen“ oder „komplementären“ Investments.

Fluchtwährung

Einen Vorteil haben Edelsteine im Laufe der Geschichte eindeutig bewiesen: Wenn Märkte zusammenbrechen, wenn Menschen fliehen müssen, gibt es außer Bargeld wohl keine andere „Währung“, die so einfach mitzunehmen ist, wie Edelsteine. Außerdem bekommt ein Edelstein überall auf der Welt Anerkennung als wertvolles Objekt, sei es in Wien, in Mumbai, in New York oder in Peking.

Ein Kilogramm Feingold hat zur Zeit der Entstehung dieses Buches einen Wert von rund 38.000 Euro; ein kleines Säckchen mit Edelsteinen mit einem Gewicht von zehn Gramm schafft sehr einfach den 100fachen Wert. Gold ist einfach zu finden (schwer an Gewicht, im Röntgen sofort zu sehen), die Besonderheit bei Edelsteinen: Sie sind in den heute üblichen Röntgenanlagen auf Flughäfen, solange sie nicht in Schmuck gefasst sind, völlig unsichtbar!

Demonetarisierung Indiens

Am 8. Nov. 2016 tritt um 20 Uhr Ortszeit der Premierminister Indiens, Narendra Modi, vor die Kameras und verkündet, dass ab dieser Nacht alle 500- und 1.000-Rupien-Banknoten der indischen Währung ihre Gültigkeit verloren haben. Außerdem werden Abhebungen vom Bankomat auf ein Minimum herabgesetzt, die Banken wurden für zwei Tage geschlossen.

Die Begründung des Premierministers: Er will Schwarzgeld aus dem Markt nehmen und höhere Steuereinnahmen erzielen. Die Aktion ist hinsichtlich der Geheimhaltung gut geplant und gut durchgeführt, rund 1,3 Mrd. Menschen werden davon völlig überrascht.

Von der Durchführungsseite musste dann fast der Notstand ausgerufen werden: Zu jener Zeit sind die 500- und die 1.000-Rupien-Banknoten, die Banknoten mit höchstem Wert, gleichzeitig sind zu wenig 50- und 100-Rupien-Noten[6] verfügbar. Da die Banken geschlossen wurden und die Geldautomaten nur Kleinmengen Geld ausgaben, musste die Regierung innerhalb kürzester Zeit sogar Lebensmittelkarten ausgeben, um die Bevölkerung versorgen zu können. Die Folge waren Chaos und Lähmung der indischen Wirtschaft für fast zwei Wochen.

Die Folge: Sofort schossen die Preise für Gold und für Edelsteine bis Mitternacht des gleichen Tages um 30 Prozent nach oben, da die Menschen versuchten auf „Notwährungen“ umzusteigen.

April 2017

6) Zu diesem Zeitpunkt entsprachen 100 indische Rupien rund 1,50 Euro

Turmalin, rund 20 ct., Madagaskar, verarbeitet mit Diamant in zwei Braunstufen und Rhodolith, dieser in rahmenloser Fassung, Ring in 750 Gold

Ältere Kunden erzählen immer wieder, dass die Nationalsozialisten, als die Ausreise aus Deutschland für Menschen jüdischen Glaubens noch halbwegs möglich war, einen „Halbkaräter"-Diamanten pro Kopf für einen Reisepass als „nicht offizielle Bezahlung" verlangten.
Weiter wurde das neue Leben, zum Beispiel in den USA, sehr oft mit Halbkarätern und Einkarätern begonnen, die einzeln in den Mantelsaum am unteren Ende des Mantels eingenäht wurden.
Auch das Einschmelzen von Diamanten in das Wachs von Opferkerzen war aufgrund der Ähnlichkeit des Materials (Kohlenstoff im Wachs, Kohlenstoff in Diamanten) eine Methode der Wahl.

Edelsteine – bzw. was ist ein Edelstein?

Was wird von Menschen als wertvoll angesehen? Etwas, das

- selten,
- schön,
- und etwas, das von vielen begehrt wird.

Alle drei Begriffe treffen auf Edelsteine zu. Aus werttechnischer Sicht könnte man dann noch die Frage stellen: „Wo ist die Abgrenzung zu den Mineralien? Warum ist zum Beispiel Ametrin[7] kein Edelstein?"

Die Antwort ist einfach: Weil beim Edelstein zusätzlich zur Seltenheit noch die Härte (Ametrin hat Härte 7) dazukommt. Üblicherweise werden Edelsteine erst ab Härte 8 (also ab Smaragd und Topas) als Edelsteine geschätzt. Wobei sich in der jüngeren Vergangenheit hier auch Ausnahmen herauskristallisiert haben: Paraiba-Turmalin, dann rosa oder rote Turmaline[8], Tsavorit[9] und Tansanit[10].

Warum spielt die Härte eine Rolle? Weil „harte" Edelsteine auch gut in Schmuck tragbar sind. Über die Jahrhunderte wurde die „Anlageform Edelstein" gerne am Finger, am Ohr, an der Arm oder am Hals getragen und daher spielt die Härte und Unzerstörbarkeit eine große Rolle.

Ein weiterer Grund, warum die Härte des Edelsteins wichtig ist: Je härter ein Stein ist, desto besser lässt er sich polieren, desto mehr funkelt er.

Sehr interessant ist die Frage, was in Edelsteinen Farbe erzeugt, und die Antwort ist eine verblüffende: Es sind nur acht Elemente, die für Farbeeffekte zuständig sind und meist als Spurenelemente in einem Edelstein vorliegen.

7) Das Wort „Ametrin" setzt sich aus „Amethyst" (violetter Quarz) und „Zitrin" (gelber Quarz) zusammen und bezeichnet Quarze, die auf der einen Seite violett und klar geteilt auf der anderen Seite gelb bis orange sind. Ametrin ist in Naturfarbe recht selten

8) Türkis farbiger, durchsichtiger Turmalin, zuerst aus Brasilien kommend, heute ist „Paraiba" ein Gattungsname für Turmaline mit dieser bestimmten, intensiven Farbe sowie einem Anteil von Kupfer

9) Ein grüner Granat, benannt nach dem Tsavoria-Nationalpark in Kenia

10) Ein blauer Zoisit, benannt nach dem Staat Tansania, wo er als einziges Vorkommen weltweit bisher gefunden wird

Bis heute wird in Indien gerne folgende Geschichte erzählt

Die Edelsteine werden deswegen so selten, weil sie von den Menschen heute zu schnell abgebaut werden, sodass sie nicht genug Zeit bekommen, in der Erde nachzuwachsen. Das sei in früheren Zeiten, als man noch nicht maschinell und damit langsam abgebaut hatte, anders gewesen.

Diese Geschichte ist aus heutiger mineralogischer Sicht eher zu verneinen, brauchen Edelsteine doch mehr als ein paar hundert Jahre für ihre Entstehung.

- Titan
- Vanadium
- Chrom
- Mangan
- Eisen
- Kobalt
- Nickel
- Kupfer

Diese im Periodensystem neben einander liegenden Elemente werden „Übergangselemente“ oder „Übergangsmetalle“ genannt und sind für die Färbung der Edelsteine verantwortlich. Üblicherweise ist die Färbung des Steines umso stärker, je höher sein Gehalt an dem jeweiligen Übergangselement ist.

Noch ein wichtiges Wort zur Farbe: Hier werden drei Einflussfaktoren unterschieden: Farbe, Ton und Saturation oder Farbsättigung. Die Farbe beschreibt, ob ein Stein blau oder rot ist. Der Ton beschreibt, wie dunkel ein Stein ist, also eher himmelblau oder eher tintenblau. Der dritte Begriff, Farbsättigung, auch oft mit dem englischen Wort „Saturation“ bezeichnet, beschreibt, wie viel Farbe (zum Beispiel von Blau), in einem Stein vorhanden ist. Grundsätzlich gilt: Je höher die Farbsättigung, desto wertvoller der Stein. Die einzige Ausnahme ist der „Padparadscha“, also der orange Saphir, der immer etwas rosa enthalten muss, um als echter „Padparadscha“ zu gelten. Hier wird weniger Farbsättigung geschätzt, ist der Stein zu dunkel-orange, wird er einfach als „oranger Saphir“ bezeichnet.

Wie werden heute professionell Edelsteine aufgespürt?

... eine kurze Reise am Beispiel des Turmalins, es geht nach Namibia ...

Es ist Ende 2016. Auf Nachbarfeldern in einem Gebiet in Namibia, das von der Sonne gebräunt ist, wurden Turmaline gefunden. Der Besitzer der noch landwirtschaftlichen Fläche ordert ein Team von Prospekteuren eines britischen Unternehmens. Deren 14-tägige Reise nach Namibia wird ihn rund 80.000 Euro kosten.

Die beiden Herren des britischen Unternehmens reisen mit umfangreichem Gepäck: Sie werden das Gebiet mithilfe der „Magnetotelurik“ untersuchen. Dies ist eine Methode der Geophysik, die mit Magnetfeldtechnik arbeitet. Es werden Magnetfeldänderungen in der Erde gesucht. Warum das? Turmalin weist im Vergleich zu dem ihn umgebenden Pegmatit einen höheren Mangangehalt auf, daher können noch im Boden befindliche Turmaline aufgespürt werden.

Die Hoffnung ist, sogenannte „Pockets“ zu finden, also größere, mit Turmalinen gefüllte Hohlräume. Diese Hohlräume messen in einem guten Fall rund 3x1,5 Meter. Ist ein solcher Hohlraum dank der Technik geortet, wird ein senkrechtes Loch hinab bis zur Edelsteintasche gegraben und dann lässt sich der Besitzer der Mine selbst in das Loch hinab.

Er bohrt ein kleines Loch in das Pocket und leuchtet mit Licht hinein. Wenn er Glück hat, strahlen ihm farbige Turmaline in Kristallform entgegen, wenn er Pech hat findet er nur schwarzen Turmalin, den sogenannten „Schörl“.

Nehmen wir an, er hat Glück gehabt, dann hat er eine sehr wichtige Entscheidung zu treffen: Ist der Fund mehr wert, wenn er nicht geschliffen wird, sondern als „Stufe“ aus der Erde geholt und an Mineraliensammler verkauft wird? Oder soll er die Kristalle zerteilen und zu Schmucksteinen verschleifen lassen?

Unser Minenbesitzer hatte übrigens Glück: Auf rund 800 Quadratmetern wurden acht Pockets mit farbigen Turmalinen gefunden ... die Anreise der Techniker aus England hat sich für ihn bezahlt gemacht ...

Edelsteintypen, die sich zum Investment eignen

Hier ist die Antwort eine einfache, auch historisch abgeleitete: Welche Steine kennen fast alle Menschen, welche Steine wurden über die Jahrhunderte ge-

sucht und begehrt? Es sind dies Diamant, Rubin, Saphir und Smaragd. Der Wert eines Edelsteins setzt sich zusammen aus einem Marktwert (wie er zum Beispiel durch Auktionen festgestellt wird) und dem Einfluss, den persönlicher Geschmack auf ein Preisgebot hat. Wenn jemand Grün und damit Smaragd nicht mag, wird ihm dieser Stein weniger wert sein als zum Beispiel das Rot des Rubins. Der Wert eines Edelsteins hat damit immer eine finanzielle plus eine emotionale Komponente.

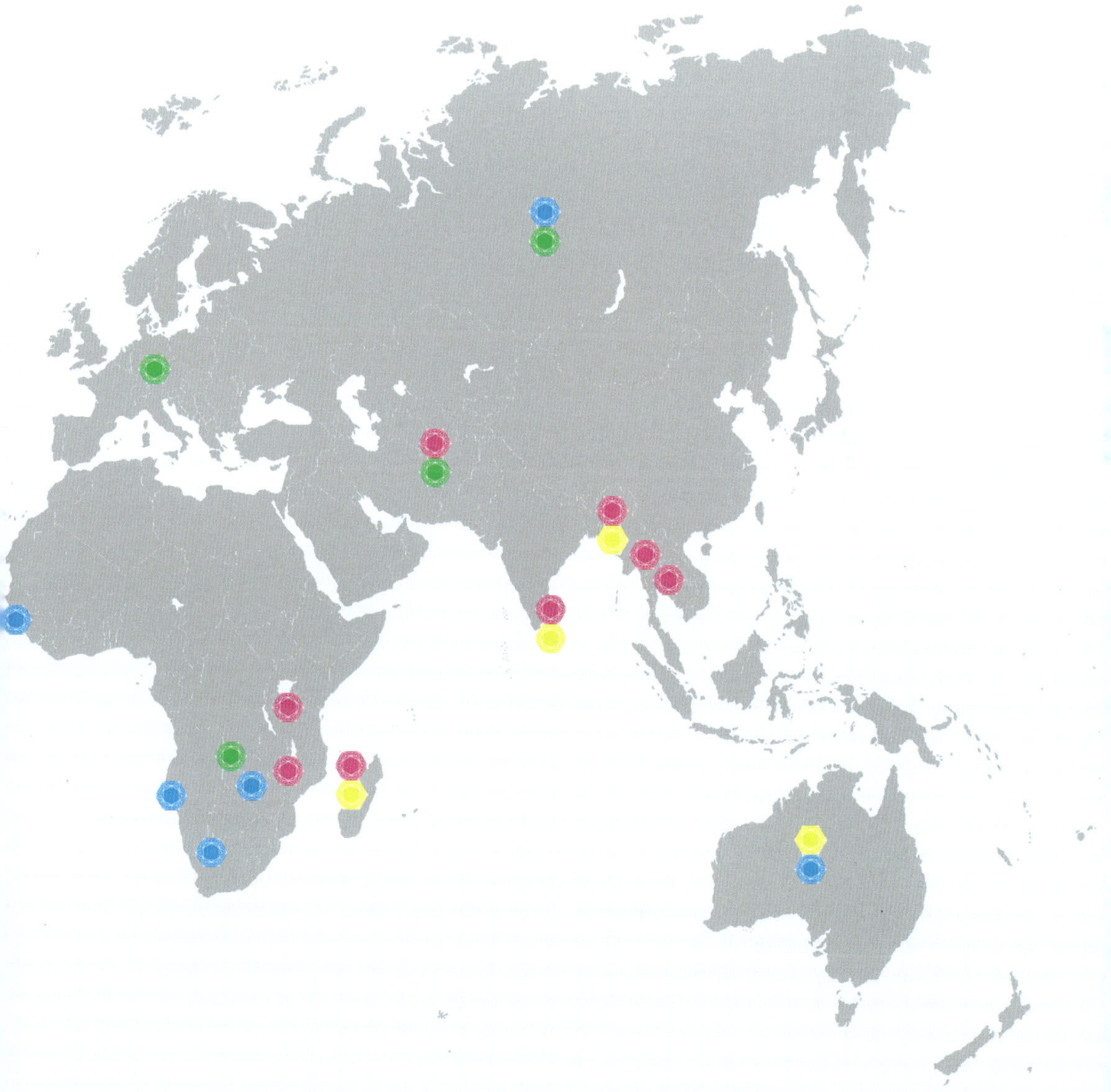

Insgesamt setzt sich der Wert eines Edelsteins aus drei möglichen Komponenten zusammen:

- dem intrinsischen Wert – dem Markt- oder Handelswert,
- dem ästhetischen Wert und
- möglicherweise auch dem historischen Wert. Wurde ein Stein von Napoleon oder Maria Antoinette getragen, und ist das zum Beispiel durch Gemälde nachweisbar, erhöht das den Wert eines Edelsteins immens.

Aus dem letzten Grund werden oft Edelsteine aus dem Besitz „berühmter" Persönlichkeiten bei den Auktionsergebnissen aus den Best-Preis-Listen herausgenommen, da der Umstand, dass ein Stein vielleicht einmal Liz Taylor gehört hat, Käufern ein massives Aufgeld wert sein kann.

Daher eignen sich diese Steine auch am besten als Anlagesteine. Wenn jemand Erfahrung hat bzw. schon gut mit den obengenannten ausgestattet ist, sind die nächsten in der Reihe zu nennenden Alexandrit, Tansanit, Tsavorit, seltener Granat sowie auch Aquamarin. Im Anschluss folgt nun ein erster Überblick über die wichtigsten Edelsteine, die sich als Investment eignen.

Der „Berg des Lichts"

Der am längsten bekannte Diamant der Erde ist der „Koh-i-noor" („Berg des Lichts" und nach der Legende vor 5.000 Jahren in einem Sanskritschriftstück beschrieben. Der Stein kam 1850 nach England, wo er Königin Viktoria und Prinz Albert präsentiert wurde. Die beiden waren von seiner Größe und seiner Geschichte beeindruckt, von der geringen Brillanz jedoch enttäuscht. Dies lag in seinem ursprünglichen indischen Schliff begründet, mit einem fast nicht geschliffenen Unterteil, einer flachen Tafel und Facetten nur rund um die Kante.

Der legendäre Stein wurde auch auf der „Great Exhibition" in einer eigens angefertigten Schatulle in London präsentiert. Als auch die Besucher enttäuscht waren, wurde eigens eine Gaslaternenbeleuchtung rund um den Stein angebracht, aber auch das half nicht viel.

In Folge wurde der Stein 1852 umgeschliffen, sodass sich sein Erscheinungsbild komplett änderte und er von Königin Viktoria als Brosche, als zentraler Stein in einem Collier oder in ihrem Diadem getragen werden konnte. Der Stein wiegt seit dem neuen Schliff 110 Karat und wurde 1911 in die Krone von Mary I (der Königinmutter der derzeit regierenden Elisabeth II) von England eingebettet.

Diamant

Im Altertum konnte man diesen stark glänzenden Stein, der extrem hart ist, nicht bearbeiten. Man hielt ihn für unzerstörbar, sein Name leitet sich daher auch vom griechischen „adamas“ – „unbezwingbar“ ab. Begehrt war er genau ob dieser Unbearbeitbarkeit. Die ersten Minen, die wir für Diamant kennen, lagen in Indien. Daher waren auch die ersten Herrscher, die Diamant zu Schmuck- und Machtzwecken einsetzten, die Maharajas der einzelnen indischen Gebiete. Von dort begann der Diamant seine Reise um die Welt, auch der in Einleitung erwähnte „Florentiner“ der Habsburger dürfte aus einer der indischen Minen stammen.

In Indien schrieb man dem Stein aufgrund seiner Härte magische Wirkung zu. Als ab dem 13. Jahrhundert bekannt wurde, dass man den Stein bearbeiten konnte, wurde dies in Indien lange Zeit abgelehnt, da man befürchtete, dass aufgrund der Bearbeitung der Diamant seine magische Qualität verlieren könnte.

Diamant im Brillantschliff, 1,05 Karat, Farbe H, Reinheit SI1, Schliff 3x „exzellent“
Foto: Peter Schmidt

Die Reise des Cullinan

Der bisher weltgrößte Rohdiamant, noch dazu lupenrein, wurde 1905 in Südafrika entdeckt und nach dem Besitzer der Mine namens Thomas Cullinan, in der er gefunden wurde, „Cullinan" getauft. Der Stein wurde in nur neun Metern Tiefe entdeckt. Die Mine existiert heute noch und arbeitet derzeit in einer Tiefe von rund 800 Metern.

Die Fundstätte liegt in der Region Transvaal, der als ehemalige britische Kolonie 1906 die Selbstverwaltung zugesprochen wurde. Auf die Selbstverwaltung hin entwickelte der erste Premierminister Luis Botha die Idee, den Stein zu kaufen und der britischen Krone als Geschenk zu senden. Nachdem der Ankauf geschehen war, stand man vor dem Problem, den unvorstellbar wertvollen Diamant nach London zu transportieren.

Man richtete einen hoch gesicherten Transport mit einem Kriegsschiff aus. Die Medien berichteten darüber und die Befürchtungen eines Diebstahls waren groß. Unter großem medialem Interesse legte das Schiff ab. Der Stein jedoch wurde einem Boten, der inkognito mit einem anderen Schiff reiste, mitgegeben, und auch der gesicherte Schiffsverband erreichte erfolgreich sein Ziel. Am 9. November 1907 wurde der Stein König Edward VII anlässlich seines 66. Geburtstages auf seinem Landsitz Sandringham überreicht.

Seit diesem Tag ist der Stein im Besitz der Krone und wurde nach einer Vorbereitungszeit von einem Jahr 1908 von Joseph Asscher in Amsterdam in neun große Stücke gespalten und daraufhin geschliffen. Sein größtes Bruchstück, geschliffen als Briolette (Tropfen), der „Stern von Afrika" ziert seitdem das Zepter der englischen Könige.

Mystische Vorstellungen aus Indien sagen zum Diamant: „Er wendet jene Gefahren ab, die durch Schlangen, Feuer, Gift, Krankheiten, Diebe und bösen Zauber drohen."

Der größte jemals gefundene Diamant ist der „Cullinan" (siehe oben) mit einem Rohgewicht von 3.106,75 Karat, er wurde in neun große und 96 kleine Diamanten aufgespalten, die neun großen Steine sind Teil der britischen Kronjuwelen:

- Cullinan I oder „Stern von Afrika":
  im Zepter des englischen Königshauses,
- Cullinan II: in der Krone,
- Cullinan III und IV: zusammen in einer Brosche verarbeitet,
- Cullinan V: in einer Brosche,
- Cullinan VI und VIII in einer weiteren Brosche,
- Cullinan IX: der kleinste Stein mit 4,4 Karat, verarbeitet in einem Ring.

Gegensätzlich zur breiten Meinung wird der Diamant in der Mythologie dem Männlichen und nicht dem Weiblichen zugeordnet, er ist der Sonne zugeordnet und bildet mit dem Gelbgold in den Attributen Diamant – Sonne – Gelbgold Archetypen für die männliche Welt ab. Er steht in dieser Hinsicht für Macht und Durchsetzungskraft.

Eigenschaften

Diamant besteht aus reinem Kohlenstoff C und gehört damit zu den Elementen und nicht zu den Mineralien. Er hat einen Härtegrad von 10 und ist beim Schleifen gegenüber dem Vertreter des nächsten Härtegrads 9 – Korund, 140-mal härter.

Er hat aber zwei besondere Eigenheiten: perfekte Spaltbarkeit und unterschiedliche Härte zu seiner Kristallwuchsrichtung. Die perfekte Spaltbarkeit machte es möglich, dass der Stein in früherer Zeit nicht gesägt, sondern gespalten wurde. Sie ist aber auch die Ursache dafür, dass wenn man mit einem Diamanten nicht sorgsam umgeht und ihn zum Beispiel auf harten Steinboden fallen lässt, er zerbrechen oder zerspringen kann. Unzerstörbar ist Diamant also damit doch nicht.

Durch die unterschiedliche Härte in verschiedenen Richtungen zur Wuchsrichtung des Kristalls wird der Stein überhaupt bearbeitbar, solange es nicht um die Spaltung geht: er wird mit Diamantpulver poliert. Dadurch, dass immer ein paar der winzig kleinen Kristallkörner im Diamantpulver richtig liegen, also mit der harten Seite zur weichen Seite des großen zu bearbeitenden Steins, ist er bearbeitbar.

Obwohl ein Diamant nur aus reinem Kohlenstoff besteht, gibt es dennoch eine Unterscheidung des Diamant und zwar nach seinem Gehalt an Stickstoff:

Diamant Typ I: 98 Prozent aller Diamanten enthalten Stickstoff; dieser kann durch Spektroskopie nachgewiesen werden. Der Diamant Typ I wird noch einmal unterteilt in Typ Ia und Ib:

Diamant Typ Ia: Hier ist der Stickstoff in Gruppen zusammengefasst, 97 Prozent aller Diamanten fallen in diese Gruppe. Da Stickstoff blaues Licht absorbiert, können diese Steine fahl-gelb oder bräunlich erscheinen.

Diamant Typ Ib: Dieser Diamanttyp enthält isolierte Stickstoffatome, ein Prozent der Diamanten fallen in diese Gruppe. Der Stickstoff absorbiert hier blaues und grünes Licht, daher erscheinen Steine dieser Gruppe dunkler als jene des Typs Ia. Diese Steine können tiefgelb („Kanariengelb), orange, braun oder grünlich erscheinen.

Diamant Typ II: Zwei Prozent aller Diamanten, enthalten wenig oder gar keinen Stickstoff.

Diamant Typ IIa: Keine Einschlüsse von Stickstoff, meist farblos weiß.

Diamant Typ IIb: Dieser Typ enthält das Element Bor und bildet damit die blauen oder auch grauen Diamanten, nur rund 0,1 Prozent der natürlichen Diamanten fallen in diese Kategorie.

Diese Unterscheidung ist für den Käufer unerheblich, sie wird ihm kaum begegnen und wird zum Beispiel von der GIA auch nicht im Zertifikat vermerkt; nur bei sehr großen Steinen oder auf Verlangen wird eine Untersuchung in Richtung der Typologie durchgeführt.

Entstehung

Diamant ist eines der ältesten Materialien der Erde, er entstand vor rund 900 Mio. bis 4,2 Mrd. Jahren und ist damit auch viel älter als zum Beispiel Korund.

Diamant braucht große Hitze und großen Druck zur Entstehung tief unter der Erde, man geht hier von Tiefen von 150 bis 300 Kilometer aus. Der zugeordnete Druck beträgt 40.000 bis 60.000 Atmosphären, gekoppelt mit einer Temperatur von 1.200 bis 1.300 Grad Celsius. Dies macht auch den Unterschied zum chemisch gleichen Material Graphit aus: Dieses war weniger Druck ausgesetzt und wurde daher auch nicht so stark verdichtet, wie der Diamant.

Der reine Kohlenstoff des Diamanten muss dann aus großer Tiefe an die Oberfläche der Erde transportiert werden. Dies geschieht in sogenannten „Pipes“, die aus einem speziellen Gestein, dem Kimberlit, bestehen. Dabei ist eines wichtig: Hier darf das den Diamanten umgebende Gestein für den Transport nicht zu heiß sein, da Diamant aus Kohlenstoff besteht und sonst angesengt oder verbrannt würde (wenn Sauerstoff gegenwärtig ist). Der Transport geschah nach heutigem Wissen sehr rasch, manche Geologen sprechen von Stunden. Wenn der Diamant noch in diesen „Pipes“ gefunden wird, spricht man von einer „primären“ Lagerstätte.

Wird der Stein jedoch durch Wind und Wetter ausgewaschen, spricht man von einem „sekundären“ Fundort. Dies ist vor allem in Namibia (Wüstensand) und in Kanada (Meeresboden) der Fall.

Herkunft und Geschichte

Wie oben beschrieben, kamen die ersten Diamanten aus Indien, kleine Funde waren zu dieser Zeit auch aus Borneo bekannt. Im 18. Jahrhundert waren die Fundorte in Indien schon erschöpft, als 1729 der portugiesische König in seiner Eigenschaft als Herrscher von Brasilien dortige Diamantfunde verkündete. Am Anfang reagierte die europäische Welt auf Diamanten aus Brasilien sehr skeptisch, also verfiel man auf eine List: Goa in Indien war zu dieser Zeit ebenfalls eine portugiesische Kolonie, man brachte also die brasilianischen Diamanten per Schiff nach Goa und von dort nach Europa, wo sie begeistert als „indische Diamanten" aufgenommen wurden.

Im Jahr 1866 findet der Sohn eines Bauern, Erasmus Stephanus Jacobs, in Afrika den ersten Diamant, wodurch er einen Diamantrausch auslöst. Im aufkommenden Diamantfieber in Südafrika gelingt es dem Engländer Cecil John Rhodes nach und nach das Farmland der Familie De Beers und die Kimberley-Minen aufzukaufen. Der Name „De Beers" jedoch überlebte und steht heute für eines der größten Diamantenunternehmen der Welt. Schon 1888 hatte Rhodes in Kimberley den Namen „De Beers Consolidated Mines, Ltd." ins Handelsregister eintragen lassen. Dieses Unternehmen wird manchmal auch noch „das Kartell" oder „das Syndikat" genannt.

Heute (2017) müssen um ein Karat Diamant zu gewinnen, rund zehn Tonnen Gestein bewegt werden, für ein Karat Diamant in Schmuckqualität rund 70–80 Tonnen und für ein Karat lupenreiner Diamant Tausende Tonnen Gestein.

Das nächste große Vorkommen, das 1940 entdeckt wurde, war jenes von Mwadui in Tansania, seitdem gab es Funde in Russland, in Sierra Leone, im Kongo, in Kanada und in Namibia, um nur einige zu nennen.

Die gesamte Fördermenge weltweit betrug für Diamant 2015 127,4 Mio. Karat. Die größten Förderländer gemessen am Gewicht waren im Jahr 2015 Russland mit einem Anteil von 33 Prozent, gefolgt von Botswana mit 16 Prozent, der Demokratischen Republik Kongo mit 13 Prozent, Australien mit elf Prozent und Kanada mit neun Prozent.

Der Gesamtwert der 2015 geförderten Diamanten betrug gemäß dem Kimberley-Prozess 13,9 Mrd. US-Dollar. Gemessen am Wert waren die wichtigsten Förderländer Russland mit 31 Prozent, Botswana mit 21 Prozent, Kanada mit zwölf Prozent, Südafrika mit zehn Prozent und Namibia mit neun Prozent.

Wie oben beschrieben, kommen Diamanten zumeist in Kimberlit vor, sind also an die Entstehung der „Pipes" gebunden. Daneben gibt es jedoch auch sogenannte „sekundäre" oder „alluviale" Vorkommen, wo sie im Laufe der Zeit aus den „Pipes" heraustransportiert wurden. Dies ist besonders in Namibia der Fall, wo Diamanten in der Wüste vorkommen, und in Kanada, wo sie am Meeresboden zu finden sind. Namibia weist in dieser Hinsicht eine interessanten Zusammenhang auf: Gemessen an der geförderten Menge lag es 2015 nur an neunter Stelle, gemessen am Wert an fünfter Stelle. Ein Hinweis darauf, dass die Steine aus dem afrikanischen Land eine sehr hohe Qualität aufweisen.

Die derzeitige Weltjahresförderung von Diamant liegt wie oben beschrieben bei etwa 21 Tonnen, wobei davon nur rund 20 Prozent für Schmuckzwecke nutzbar sind. Dieser Anteil enthält die Diamanten aller Größen-, Farb- und Reinheitsstufen. Der Anteil lupenreiner Diamanten mit bester Farbe ist verschwindend gering.

Im Mittelalter hatte der Diamant in Europa keine besondere Bedeutung, da man ihn nicht bearbeiten konnte. Es gibt die Überlieferung, dass sogar nur die farbigen Edelsteine auch „Edelsteine" genannt wurden, nicht aber der Diamant. Ab dem 14. bis ins 16. Jahrhundert begann man dann den Diamant zu bearbeiten, und zwar in Form des „Rosenschliffs". Hier wurde dem Stein auf der Unterseite eine glatte Spaltfläche belassen, oben wurden Facetten in den Stein geschliffen.

Als ab dem 17. Jahrhundert gute Schleifscheiben zur Verfügung standen, begann man den Diamant auch auf der Unterseite zu bearbeiten, wodurch die Reflexion des einfallenden Lichts vergrößert wurde und der Stein stärker zu funkeln begann.

Beschreibung und Katalogisierung

Der Diamant ist jener Edelstein, der weltweit am weitesten standardisiert wurde. Liegen die Daten eines weißen Diamanten in Form eines GIA-Zertifikats vor, braucht der Stein in Wirklichkeit nicht besichtigt werden, es kann sofort ein Preis ermittelt werden.

Er wird bewertet nach den „4 C“

- Carat (das Gewicht in Karat),
- Color (die Farbe),
- Clarity (die Reinheit) und
- Cut (der Schliff).

Es gibt aber noch weitere Punkte, die beim Diamant wichtig sind: Flouroeszenz und das Zertifikat.

Karat – das Gewicht

Dies ist der am leichtesten feststellbare Bewertungsbestandteil. Der Stein wird auf eine Karatwaage gelegt und das Gewicht festgestellt. Der Zusammenhang ist ein einfacher: Je schwerer der Stein, desto wertvoller wird er üblicherweise sein.

Beim Preis-Gewichts-Verhältnis gilt es etwas zu beachten: Ein Einkaräter ist nicht unbedingt gleich ein Einkaräter! Was ist hier gemeint? Wenn Sie die Preise der Rapaport-Liste hernehmen, so gelten diese Preise für Steingewichtsklassen. Wenn wir über einen eben zitierten Stein mit einem Gewicht von ei-

Zum Gewicht eine wahre Geschichte aus dem Edelsteinhandel: Ein möglicher Käufer bekam von einem (alten, renommierten) Händler ein Angebot für zwei „Zweikaräter“ einer genau festgelegten Qualität, das so unglaublich niedrig war, dass es ein anderer Händler nicht unterbieten konnte. Dem anderen Händler war die Sache suspekt, er forderte vom Verkäufer das schriftliche Angebot an. Siehe da: Einer der Steine war kein Zweikaräter, sondern hatte nur 1,97 Karat und beide Steine hatten kein Zertifikat. Daraus ergab sich für den Stein unter zwei Karat ein Preisabschlag von 40 Prozent und dafür, dass überhaupt kein Zertifikat vorlag, ein Abschlag von rund zehn bis 20 Prozent auf beide Steine. Damit war leicht nachzuvollziehen, warum der Händler so günstig war. Für den Kunden wäre der Kauf jedoch nicht günstig, sondern teuer geworden.

nem Karat sprechen, dann ist die entsprechende Klasse 1,00–1,49 Karat. Blicken wir in die Liste sehen wir einen Großhandelspreis (Rapaport).

Im Handel wird dann immer von einem Stein von 1,01 Karat und größer ausgegangen, ein Wert von zum Beispiel 1,00 Karat ergibt immer einen kleinen Abschlag (zwei bis drei Prozent).

Hier aber jetzt die wirklich wichtige Information: Manche Händler bezeichnen Steine mit zum Beispiel 0,97 Karat als „Einkaräter". Dies ist aber absolut nicht der Fall und am Rande des Betrugs. Warum? Weil die Gewichtsklasse unter einem Karat (0,90–0,99 ct.) per Karat (Rapaport, gleicher Tag) um rund 30 Prozent weniger kostet!

Investmenttipp 1: Alle Steine unter einem Gewicht von 0,5 Karat sind für Schmuckzwecke geeignet, nicht jedoch für ein Investment. Die fast schon standardisierten Investmentgrößen sind Steine mit 0,5 und ein Karat Gewicht.

Investmenttipp 2: Kaufen Sie nur Diamanten, die knapp ü b e r der von Ihnen angestrebten Gewichtsklasse liegen. Wenn Sie einen Halbkaräter möchten, dann kaufen Sie die Gewichtsklasse 0,51–0,55 Karat.

Schmuckkauftipp: Wenn es auf den Effekt ankommen soll und keine Investmentabsicht dahinter steht, kann niemand in einer Fassung einen Diamanten von 0,97 Karat Gewicht von einem mit einem Gewicht von 1,01 Karat Gewicht unterscheiden und Sie sparen, wie oben dargestellt, rund 30 Prozent des Preises!

Color – die Farbe

Man möchte beim weißen Diamant[11] vor allem wirklich „weiße" Steine. Daher beginnt die Farbskala heute nach Einteilung der GIA bei „D" (feines Blau-Weiß) und geht über die gesamte Buchstabenreihe bis „Z" (stark getöntes Weiß). Wobei Letzteres aber nicht bedeutet, dass der Diamant dann ein „Fancy Diamond" oder „Farbdiamant" ist, er ist einfach ein gelblich erscheinender weißer Diamant und damit dementsprechend günstig zu kaufen.

Warum die Farbabstufung bei „D" beginnt und nicht bei „A", ist leicht zu erklären: Es gab vor langer Zeit auch eine sehr grobe Farbeinteilung in den Buchstaben „A" bis „C"; diese wird heute nicht mehr verwendet, daher wurden für die heutige Farbfeststellung diese ersten drei Buchstaben ausgespart.

Wenn man von seinen Eltern oder Großeltern Diamantschmuck oder einen losen Diamant geschenkt oder vererbt bekommt, wird man auch noch mit einer weiteren, alten nicht mehr verwendeten Einstufung Bekanntschaft machen:

11) Alle hier angeführten Farbbezeichnungen, sowohl bei den weißen Diamanten der Farben D–Z als auch bei den Farbdiamanten beziehen sich auf natürlich entstandene

1. „River“: Die heutigen Farben D und E, auch „Hochfeines Weiß+“ für „D“ genannt und „Hochfeines Weiß“ für E.
2. „Top Wesselton“: Die heutigen Farben F und G, auch „Feines Weiß“ genannt.
3. „Wesselton“: Die heutige Farbe H, auch „Weiß“ genannt,
4. „Top Crystal“: Die heutigen Farben I und J, auch „Leicht getöntes Weiß“ genannt.
5. „Crystal“: Die heutigen Farben K und L, auch „Getöntes Weiß“ genannt.
6. „Top Cape“: Die heutigen Farben M und N, auch „Getönt 1“ genannt.
7. „Cape“: Die heutige Farbe O, auch „Getönt 2“ genannt.

In Juweliergeschäften werden Sie nur selten Diamanten in der Farbqualität D oder E fertig gefasst sehen, ein Schmuckstück dieser Qualität wird in der Regel einzeln für Sie angefertigt. Üblicherweise werden heute die Farben D und E als Investmentqualität gesehen.

Geht man in ein Juweliergeschäft und sagt zum Beispiel, man möchte einen Diamantverlobungsring kaufen, dann werden Ihnen in Form fertig gefasster Schmuckstücke vor allem Diamanten der Farbe H gezeigt.

Investmenttipp: Es gibt hier zwei Herangehensweisen, die beide ihre Berechtigung haben: Entweder man kauft Schmuckqualität um die Farbe H herum, die sich leicht wieder verkaufen lässt. Oder man kauft Steine der Farbqualität D oder E, diese Qualität ist in den letzten Jahrzehnten stärker im Wert gestiegen.

Schmuckkauftipp: Bei in Weißgold gefassten Diamanten sehen Sie Farbunterschiede des Steins, zum Beispiel von F zu H, viel stärker als bei Steinen, die in Gelbgold gefasst werden, da hier der Widerschein des gelben Goldes im Stein dazukommt. Daher kann man ohne Weiteres Geld sparen, wenn man zum Beispiel die Farbe H statt G kauft.

Die Farbskala bei Farbdiamanten

Beim Farbdiamant sind vor allem leuchtende, kräftig-intensive Farben gesucht, die Reinheit des Steins ist hier im Vergleich zum weißen Diamant vergleichsweise weniger wichtig, auch der Schliffart wird hier weniger Aufmerksamkeit gewidmet.

Diamant gibt es fast in allen Farben, beginnend bei Weiß über Gelb, Braun, Grau, Orange, Grün, Blau, Pink bis Rot. Daneben existiert auch die Farbe

Schwarz, die aber zumeist von Natur aus grau erscheint und sehr oft gefärbt wird.

Woher kommt die Farbe beim Farbdiamanten? Die Entstehung ist je nach Farbe ganz unterschiedlich: pink und braune Diamanten entstehen durch Defekte im Kristallgitter, grüne Diamanten durch natürliche radioaktive Strahlung, blaue Diamanten enthalten Bor, graue Diamanten Bor und Wasserstoff, gelbe und orange Steine enthalten Stickstoff.

Die GIA verwendet folgende Hauptabstufungen der Farbintensität, beginnend bei der stärksten Farbe und von dieser absteigend:

- fancy vivid
- fancy intense
- fancy
- fancy light

Teilweise werden die Abstufungen bei einzelnen Farben oder von einzelnen Labors noch weiter unterteilt.

Wenn im Zertifikat die Farbe nur aus einer Bezeichnung besteht, zum Beispiel „fancy pink“, dann wird dies in der Regel höher bewertet als Mischfarben, wie zum Beispiel „fancy pink-brownish“.

Gelber Diamant, Naturfarbe, 2,08 Karat, Reinheit VS1

Farbe und Farbsättigung

Möchte man eine Abfolge des Werts von Farben beim Farbtönen erstellen, so wäre sie von der günstigsten hin zur teuersten etwa wie folgt:

- braun
- grau
- gelb
- orange
- grün, pink, blau
- rot

Einige Preisbeispiele:

- Einen „fancy yellow"-Stein mit Reinheit SI1 mit einem Gewicht von 0,5 Karat wird man schon um 2.000 Euro erhalten (pro Stein, nicht per Karat).
- Ein Stein mit denselben Qualitäten, aber Farbe „fancy orange" kostet dann etwa 5.000 bis 7.000 Euro.
- In „fancy pink" muss man dann schon mit 40.000 bis 90.000 Euro rechnen.
- In „fancy rot" wäre mit einem Preis von rund 1–1,5 Mio. Euro zu rechnen, falls man den Stein erhalten würde.

Es gibt eine Geschichte, wie die extrem seltenen Chamäleon-Diamanten erstmals entdeckt wurden: Ein Diamantschleifer saß an der Schleifscheibe und bearbeitete einen Diamant, er wurde davon irritiert, dass der Stein bei unterschiedlicher Temperatur (Erhitzen durch das Schleifen) die Farbe veränderte. Später wurde ein solcher Stein gefasst und einer Kundin übergeben. Diese beließ ihn im Etui und auch die Temperatur wechselte: als die Kundin den Ring mit dem Stein zur Hand nehmen wollte, war sie entsetzt und brachte den Ring mit dem Stein zum Juwelier zurück, ohne zu wissen, dass sie gerade einen sehr wertvollen Stein, wertvoller als wäre er weiß gewesen, aus der Hand gab.

Saphir, Naturfarbe, keine Behandlung, 3,06 Karat, Burma, in 750 Weißgold

Ausführung des Rings und Foto: Norbert Graf

Warum Farbdiamanten so teuer sind, ist leicht erklärt: Erstens sind sie sehr begehrt und zweitens beträgt das Verhältnis gefundener weißer Schmuckdiamanten zu Farbdiamanten 10.000:1 (und dieser Faktor 1 bezieht sich auf alle Farben, die bei Fancy Diamonds möglich sind).

Einer der berühmtesten Fundorte für rosa und rote Diamanten war die australische „Argyle"-Mine, woher einige der weltbesten pinken und roten Steine kamen. Leider ist die Mine inzwischen erschöpft und die noch im Handel befindlichen Diamanten erzielen hohe Preise.

Es gibt noch eine weitere Besonderheit: „Fancy-white"-Diamanten, die jedoch milchig oder wolkig erscheinen können, hin bis zu einem Opalisieren im Stein.

Eine Sonderstellung nehmen die Chamäleon-Diamanten ein. Diese Steine verändern ihre Farbe entweder mit dem Licht und/oder mit der Temperatur, der sie ausgesetzt sind, und hier können schon einige Grad Celsius reichen um zu einer Farbveränderung zu führen. Die Grundfarbe der Steine ist ein eher helles Grün.

Investmenttipp: Wenn es das Budget erlaubt, kaufen Sie immer farbintensivere Steine, eine Reinheit von „SI1" ist bei einem Farbdiamant ohne Weiteres akzeptabel, da der Anteil an lupenreinen Steinen auf dem Markt verschwindend gering ist.

Clarity – die Reinheit

Die Reinheit eines Diamant ist bei den besseren drei bis vier Reinheitsgraden nur vom Fachmann festzustellen, der Laie wird den Unterschied kaum sehen.

Die Einteilung der Reinheitsgrade:

1. „Flawless" (FL). Fehlerlos, bedeutet lupenrein und keine Oberflächenmerkmale vorhanden.
2. „Internally flawless" (IF): lupenrein.
3. „Very very slight inclusions" 1 und 2 (VVS1 und VVS2) sehr sehr kleine Einschlüsse 1 und 2.
4. „Very slight inclusions" 1 und 2 (VS1 und VS2): sehr kleine Einschlüsse 1 und 2.
5. „Slight inclusions" 1 und 2 (SI1 und SI2): kleine Einschlüsse 1 und 2.
6. „Piqué" oder „Imperfect" (1, 2 und 3 P1–P3): Piqué 1, 2 und 3

Zur Erklärung:

„Flawless" ist praktisch nur bei eingesiegelten oder sehr sorgfältig einzeln aufbewahrten Diamanten zu erreichen, sehr kleine Kratzer (zum Beispiel durch Zusammenstoß mit anderen Steinen) stufen den Stein zu „Internally flawless" herunter und dann stimmt das Zertifikat nicht mit dem Stein zusammen. Die internationale Rapaport-Großhandelsliste führt diesen Grad auch nicht auf.

„Internally flawless" ist definiert als: „Der Fachmann sieht mit einer Zehnfach-Lupe von vorne keine Einschlüsse im Stein."

„Very very slight inclusions": Einschlüsse sind selbst bei zehnfacher Vergrößerung nur sehr, sehr schwierig bis sehr schwierig erkennbar.

„Very slight inclusions": Einschlüsse sind selbst bei zehnfacher Vergrößerung nur sehr schwierig bis schwierig zu erkennen.

„Slight inclusions": Einschlüsse sind bei zehnfacher Vergrößerung leicht zu erkennen (aber nicht mit bloßem Auge).

„Piqué" 1–3: Einschlüsse sind mit bloßem Auge (für den Fachmann) erkennbar.

Selbst die Einschlüsse bei SI2 sind für das ungeschulte bloße Auge unsichtbar. Der Laie beginnt erst ab etwa Reinheitsgrad P2 Einschlüsse zu sehen, bei P3 sind sie dann sichtbar.

Im Durchschnittsschmuck wird heute allgemein die Reinheit SI1 oder SI2 verkauft, die Qualität P1–P3 hatte früher große Verbreitung im Versandhausschmuck und wird nun noch gerne in Touristenfallen in Feriengebieten verkauft.

Wie großen Einfluss die Reinheit auf den Preis eines Diamant hat, mögen folgende Zahlen aus der Rapaport-Liste vom 24. Februar 2017 belegen: Wir ziehen einen runden Diamanten, also einen Brillanten mit einem Karat Gewicht heran, mit Farbe E.

- Reinheit IF: Index = 100 Punkte
- Reinheit VS1: Index = 68,5 Punkte
- Reinheit SI1: Index = 50,6 Punkte
- Reinheit P1: Index = 28,8 Punkte
- Reinheit P3: Index = 10,1 Punkte

Diese Gegenüberstellung ergibt in ihrer gesamten Spannbreite ein Verhältnis von bis 1:10.

Investmenttipp: Es gibt hier zwei Herangehensweisen, die beide ihre Berechtigung haben. Entweder man kauft Schmuckqualität um die Reinheit SI1 herum, die sich leicht wieder verkaufen lässt. Oder man kauft Steine der Reinheit IF, diese Qualität ist in den letzten Jahrzehnten stärker im Wert gestiegen und auch von der Fundmenge her viel seltener.
Schmuckkauftipp 1: Wenn Sie strahlenden, schönen Schmuck auch als Solitär kaufen wollen, werden Sie im Bereich der Brillanz keinen Unterschied zwischen „IF" und „VVSI1" sehen, der Preisunterschied beträgt aber sieben bis 25 Prozent (je nach Farbgrad, bei höheren Farbgraden ist der Unterschied größer, bei „H" ist er nur noch einige Prozent). Sie können die etwas kleinere Brillanz dadurch wettmachen, dass Sie einen Stein mit „3x exzellent" beim Schliff kaufen.
Schmuckkauftipp 2: Alle Kratzer, Absplitterungen, von Facetten oder Steinteilen von Diamanten bei altem Schmuck werden immer als Herabsetzung der Reinheit des Diamant bewertet. Ein Stein der „lupenrein" ist, dem aber der Teil einer Facette fehlt, wird zum Beispiel mit „VS1" bewertet. Also Vorsicht beim Kauf von Diamanten mit Beschädigungen, zum Beispiel in altem Schmuck!

Cut – der Schliff und die Genauigkeit des Schliffs

Die für Diamant am weitest verbreitete Schliffart ist der Brillant. Diese runde Schliffform hat sich weltweit durchgesetzt, egal ob bei Steinen mit einem Gewicht von 0,01 Karat bis hinauf zu fünf Karat. Ab einem Gewicht eines Steins von rund drei Karat nimmt auch die Bedeutung des Smaragdschliffs oder eines modifizierten Smaragd-/Kissenschliffs zu.

Das Schleifen eines Diamant ist für seinen Besitzer ein sehr kritischer Prozess: je nach Art des Kristals gehen 50 bis 70 Prozent des Gewichts eines Rohdiamanten verloren.

Beim Brillanten wird die Beurteilung noch einmal in drei Teilgebiete unterteilt:

- in den Schliff selbst,
- in die Symmetrie des Schliffs und
- die Politur.

In allen drei genannten Teilbereichen werden jeweils die Beurteilungen „exzellent“, „very good“, „good“, „fair“ oder „poor“ vergeben. Das begehrteste Attribut ist „3ex“ in der Fachsprache: Dann sind Schliff, Symmetrie und Politur jeweils exzellent ausgeführt.

Beim Schleifen eines Diamant ergibt sich für den Schleifer immer ein Abwägen zwischen erwartetem Gewicht, Schliffart und erwarteter Schliffqualität. Zum Teil ist daraus auch zu erklären, warum manche Steine bei der Schliffqualität zum Beispiel ein „gut“ und zwei „sehr gut“ aufweisen, dies hat nicht unbedingt mit den Fähigkeiten des Schleifers zu tun, sondern mit einer Kalkulation, was mehr Ertrag bringt: ein höheres Gewicht oder eine höhere Schliffqualität.

Beim Schliff gibt es noch eine Besonderheit, die „Hearts and Arrows“ oder auf Deutsch „Herzen und Pfeile“ genannt wird. Hier hat ein Brillant die Beurteilung „3x exzellent“ und ist hervorragend geschliffen. Der brillant geschliffene Diamant hat 57 Facetten. Ein perfektes Verhältnis all dieser Facetten ergibt sich in einem repetitiven und fast perfekten Muster von acht symmetrischen Pfeilen, von oben betrachtet, und acht symmetrischen Herzen, von unten betrachtet.

Diamanten werden am häufigsten als runder Brillant geschliffen, daneben existieren aber auch die anderen Schliffformen Smaragd, Tropfen, Kissen, oval, Marquise etc. Diese „anderen“ Schliffe werden im Fachhandel im Überbegriff „Pear“ zusammengefasst.

Eine kleine Geschichte, die zur Achtsamkeit mahnt

Es gibt im Internet eine Reihe von Händlern, die schöne Homepages anbieten, auf denen man über Schieberegler die einzelnen Parameter eines Diamant einstellen kann und man bekommt dann eine Liste von verfügbaren Steinen, nach Preis absteigend, angezeigt. So weit so gut.

Folgendes Beispiel: Man stellt die Farbe „D" ein, „IF" beim Schliff, 1,01–1,05 Karat Gewicht, bei Floureszenz „keine", dann noch „GIA" beim Zertifikat und zum Schluss beim Schliff „exzellent", also alles in allem ein perfekter Anlagediamant. Das Computersystem gibt einen sehr niedrigen Preis von rund 13.500 Euro inklusive 19 Prozent deutscher Mehrwertsteuer aus. Verblüffend niedrig! Erst wenn man weiter klickt, erkennt man, dass „exzellent" beim Schliff nur den Schliff und n i c h t Symmetrie und Politur betrifft!

Man muss dann auf eine Sub-Seite der Homepage gehen, um auch dies einstellen zu können. Schiebt man dort die Regler auf „exzellent" bei Symmetrie und Politur erhält man plötzlich einen günstigsten Preis von rund 19.200 Euro angezeigt. Ein Preisunterschied von plus 50 Prozent zum vorher angezeigten Preis.

Dieses Beispiel mag verdeutlichen, wie wichtig es ist, a l l e Parameter eines Steins zu vergleichen. Würden Sie einen derartigen Diamanten verkaufen wollen und der Stein hätte nur schlechte Werte bei Symmetrie und Politur, würde dies in der gleichen Weise zu hohen Preisabschlägen führen.

Investmenttipp 1: Für Anlagezwecke kaufen Sie ausschließlich Diamanten im Brillantschliff, da sich diese am leichtesten wieder verkaufen lassen. Erst bei großen Diamanten (ab drei Karat Gewicht) macht auch der Kauf von Diamanten im Smaragdschliff Sinn. Dies trifft nicht auf Farbdiamanten zu, hier werden die meisten Schliffformen akzeptiert.

Investmenttipp 2: Kaufen Sie g r u n d s ä t z l i c h nur Brillanten mit „3ex" – Schliff, Symmetrie und Politur im Grad „exzellent" –, Sie ersparen sich jede Diskussion über die Schliffqualität bei einem möglichen Verkauf!

Schmuckkauftipp: Bei einem Halbkaräter, zum Beispiel gefasst in einem Ring, wird eine Schliffgraduierung „exzellent" - „very good" - „very good" bei der Brillanz keinen großen Unterschied machen, verbilligt den Stein aber um einiges.

Floureszenz

Dieser optische Effekt beschreibt beim Edelstein, ob er bei bestimmten Lichtverhältnissen (UV-Licht) zu leuchten beginnt oder nicht.

Beim Diamant führt bestehende Floureszenz dazu, dass Steine bei Kerzen- oder Gelblicht wunderschön funkeln und oft eine (vermeintlich) bessere Farbe zeigen, als im Zertifikat angegeben. Der Nachteil: Bei Tageslicht zeigen diese Steine oft etwas wie „Wolken" oder „Milch" im Erscheinungsbild. Diamanten aus russischen Minen weisen oft hohe Floureszenz auf.

Die GIA stuft in ihren Zertifikaten die Floureszenz wie folgt ein:

- none
- faint (leicht)
- medium
- strong
- very strong

Investmenttipp: Kaufen Sie nur Diamanten, welche im Zertifikat bei Floureszenz „none" zeigen. Dies erspart Ihnen bei einem möglichen Verkauf Diskussionen zur Floureszenz und gleichzeitig hat der Stein bei allen Lichtverhältnissen das gleiche Erscheinungsbild.
Schmuckkauftipp: Für Schmuck ist eine Floureszenz von „faint" in Ordnung und macht den Stein günstiger.

Zertifikat

Ein Diamant ab einem Gewicht von 0,5 Karat sollte heute ohne internationales Zertifikat nicht mehr gekauft werden, außer man ist sich sicher, ihn nur zu Schmuckzwecken verwenden zu wollen. Wenn Sie einen Stein dieser Größe verkaufen wollen, wird man Sie sehr rasch fragen, welches Zertifikat Sie zum Stein besitzen.

Das Zertifikat beschreibt, wie oben dargestellt, Gewicht, Abmessungen, Reinheit, Farbe, Schliff (also Brillant-, Smaragd- oder Kissenschliff etc.), dann die Qualität des Schliffs, aufgeteilt in Schliffqualität, Politur und Symmetrie sowie die Floureszenz des Steins. Das Zertifikat selbst besitzt eine fortlaufende Nummer.

Diese fortlaufende Nummer wird auch in den Diamanten, und zwar in seine Rondiste (die umlaufende Kante des Steins) winzig klein und mit freiem

Auge nicht sichtbar, eingraviert. Damit lässt sich der Stein immer mit seinem Zertifikat in Verbindung bringen.

Fast alle renommierten Zertifizierungsstellen für Diamanten bieten auf ihrer Internet-Homepage inzwischen auch den unentgeltlichen und für alle zugänglichen Service an, dass man die Nummer des Zertifikats eingeben kann und daraufhin erscheint auf dem Bildschirm das Zertifikat. Wenn dies geschieht, ist gewährleistet, dass das vorliegende Zertifikat, nach Vergleich aller Daten des Steins, echt ist. Selbstverständlich wird ein Besitzer des Steins nicht angezeigt, dieser bleibt anonym.

Ein Einschweißen des Steins in Plastikdosen ist aufgrund der Verbindung Nummer im Zertifikat – Gravur im Stein – Überprüfbarkeit auf der Homepage des Labors nicht mehr notwendig und wird auch nur noch für eine Minderheit von Steinen gemacht. Sollten Sie einen vor längerer Zeit zertifizierten Stein erhalten, der eingeschweißt wurde, so darf die kleine Plastikdose auf keinen Fall geöffnet werden, weil Sie sonst den Stein neu zertifizieren lassen müssen.

Für Diamanten sind die beiden am höchsten geschätzten Labors das „Gemmological Institute of America" (GIA) und „Hoge Raad voor Diamant" (HRD).

Labors wie jenes der „Deutschen Stiftung Edelsteinforschung" oder in diesem Fall auch von Gübelin liefern sehr gute Ergebnisse, sind aber in den USA oder in China nicht so bekannt und angesehen wie die beiden oben Genannten.

Die übrigen Zertifikate, wie zum Beispiel von „International Gemmological Institute (IGI) führen im Handel bei Diamanten zu einem Preisabschlag, da sie nicht so hoch eingestuft werden wie jene von GIA oder HRD. Der Grund dafür liegt darin, dass nachgesagt wird, manchmal nicht so hart einzustufen wie zum Beispiel bei der GIA. Eine Einstufung eines Diamanten mit Farbe „G" im Unterschied zur Farbe „H" ergibt beim Wert einen großen Preisunterschied.

Konfliktfreiheit

Hier sind wir bei dem in den Medien immer wiederkehrenden Begriff der „Blutdiamanten" angekommen. Die Definition für einen solchen Stein lautet „Der Diamant hat dazu gedient, kriegerische Auseinandersetzungen zu finanzieren."

Um dem entgegenzuwirken, wurde der „Kimberley-Prozess" eingeführt. Für jeden Rohdiamant muss hier in einem eigenen Zertifikat die Herkunft des Steins nachgewiesen werden. Der Endkunde sieht dieses Zertifikat nicht und

Ring mit Rubin, 3,07 Karat, aus Mozambique, Naturfarbe, unbehandelt. Der Stein wurde mit 1,5 Karat Diamanten in 750 Weißgold gefasst

Ausführung des Rings und Foto: Norbert Graf

für einen geschliffenen Diamant ist ein Herkunftsnachweis auch nicht vorgesehen.

Diese Regelung ist sinnvoll, kann jedoch über den Verkauf geschliffener Diamanten jederzeit unterlaufen werden.

Im internationalen Handel gibt es dazu auch eine entgegengesetzte Meinung: Nach Vertretern dieser Richtung wurde der Kimberley-Prozess weniger eingeführt, damit man die Herkunft von Diamanten nachweisen kann, sondern er wurde von großen Minenbetreibern angeregt, um eine Reihe von kleineren Anbietern, vor allem in Sierra Leone und im Kongo aus dem Markt zu drängen.

Dass sogenannte „Warlords" in Afrika mit Diamanten sehr rasch große Mengen Geldes transportieren können, ist klar und zu verurteilen. Mit der Art und Weise, wie im gleichnamigen Film „Blood Diamonds" die Verbindung zu Verbrechen hergestellt wird, haben der Begriff und auch der Kimberley-Prozess nichts zu tun.

Rubin

„Luxus ist nicht das Gegenteil von Armut, sondern das Gegenteil von Gewöhnlichkeit."

Coco Chanel

Der Name des Rubins kommt von „rubeus", was „rot" bedeutet. Chemisch gesehen ist der Rubin ein Korund, hat also die chemische Formel Al_2O_3. Der Rubin ist der „Bruder" des Saphirs, dem er chemisch fast gleich ist. Jener Korund, der rot ist, wird „Rubin" genannt, alle anderen Farben des Saphirs, von

Rubin, 2,08 Karat, Mozambique, Naturfarbe

Weiß über Gelb, Orange, Pink bis hin zu Blau, werden „Saphir" genannt, die jeweilige Farbe muss laut CIBJO dem Wort „Saphir" vorangestellt werden. Einzig, wenn nur „Saphir" angegeben wird, ist davon auszugehen, dass der Stein blau ist.

Im Sanskrit bedeutet „Ratnaraj" – „König der Edelsteine", zugeschrieben wurde ihm im Sanskrit auch die Bezeichung „Ratnanayaka" – „Führer aller

Edelsteine". Laut der indischen Mythologie wurden Rubine aus den Blutspritzern des Dämons Vala gebildet. Außerdem schützte der Rubin nach Ansicht in Indien vor allem Schaden und bewahrte die mentale und physische Gesundheit seines Trägers. Ein weiterer Glaube im alten Indien war, dass wenn man einen guten Rubin dem Gott Krishna opferte, man als Herrscher wiedergeboren wurde.

Der Rubin wurde in der alten Zeit der Sonne zugeschrieben (heute wird esoterisch der Diamant der Sonne zugeordnet), außerdem wurde er als Mittelpunkt der Erde gesehen.

„Wenn ein Rubin fünf Karat übersteigt und er perfekt ist,
wird er verkauft, was auch immer für ihn verlangt wird."

Jean-Baptiste Tavernier,
früher Reisender nach Indien, 1676

In der chinesischen Qing-Dynastie (die letzte Dynastie in China) wurde per Gesetz vom Kaiser festgelegt, dass der Rubin nur von den „Mandarinen", also den höchsten Beamten, auf der Oberseite ihrer Kopfbedeckung getragen werden durfte. Insgesamt sind Rubin und Saphir in China seit rund 6.000 Jahren bekannt und in Verwendung.

Im Bereich der Heilkraft wird der Rubin dem Blut und dem Herz zugeordnet. In alter Mythologie ging das so weit, dass burmesische Krieger sich Rubine unter die Haut schoben, um im Kampf unbesiegbar zu sein.

„Wir hören von historischen, großen Diamanten,
aber große Rubine perfekter Farbe und
großer Reinheit sind mythologisch."

Robert Gordon
„Über die Minen nahe Mogok", 1888

Bei den alten Römern und Griechen war Rubin gänzlich unbekannt; das von ihnen verwendete Wort „carbunculus" meinte andere rote Steine wie zum Beispiel den Granat.

Aus Byzanz stammt ein Rubinring, der sich heute im British Museum befindet. Er stammt aus dem Jahr 500 unserer Zeitrechnung und weist eine Besonderheit auf: Der Stein ist bereits facetiert, lange bevor man dazu im westlichen Europa in der Lage war.

Die Rubine der Maharajas

In Indien häuften die Maharajas der jeweiligen Gebiete riesige Sammlungen von Rubinen an. Am Anfang des 20. Jahrhunderts wurden französische Juweliere aufgefordert, nach Indien zu kommen und Teile der Sammlungen zu Juwelen zu verarbeiten.

Legendär ist der Streit zwischen dem Maharaja von Nawangar, der selbst ein großer Edelsteinkenner war, und Luis Cartier um die beste Farbe beim Rubin. Der Maharaja bestand darauf, dass die besten Rubine einen Purpurstich haben, während Cartier auf rein rote Steine als beste Form bestand. In seinen Memoiren schrieb Cartier: „Es kostete mich Jahre, den Maharaja von der besten Farbe zu überzeugen." Cartier gewann letztendlich und seitdem gilt ein tiefes Rot als die beste Farbe des Steins.

Dies gipfelte in der Erstellung eines Colliers für den Maharaja von Partiala, das 170 Karat bester Rubine enthielt. Diese Kette wurde 2004 für die Summe von 2,2 Mio. US-Dollar versteigert.

Eine weitere legendäre Kette erstellte Cartier für den Maharaja von Partiala. Nachdem ab den 1940er-Jahren die Maharajas gezwungen waren, ihre Juwelen zu verkaufen, verschwand dieses Collier. Erst Anfang der 2000er-Jahren machte Cartier eine überraschende Entdeckung: Teile des Colliers tauchten als Armband im Lager eines Edelsteinhändlers auf. Cartier kaufte dieses Armband auf und fertigte daraus wieder ein Collier.

Der Unterschied zwischen Rubin und Saphir liegt in der Beimischung der Spurenelemente: Ist Chrom vorhanden, wird der Stein rot bzw. pink, sind Titan und Eisen vorhanden, wird er blau, ist nur Eisen im Stein anwesend, erscheint der Saphir gelb.

Eigenschaften

Wie schon gesagt, ist der Rubin ein Korund, hat also Härte 9, er hat eine schlechte Spaltbarkeit und ist damit sehr widerstandsfähig. Er reagiert auch nicht auf Licht oder Wärme und splittert eher selten. Damit ist der Stein sehr gut für Schmuck geeignet, braucht aber auch im Tresor keine Aufmerksamkeit oder besondere Lagerung.

Das Spurenelement Chrom, das seine Farbe bestimmt, sorgt dafür, dass die anderen Spektralfarben ausgefiltert werden und der Edelstein unserem Auge rot erscheint. Eine Besonderheit des Rubins, besonders der Steine aus Burma, ist die Floureszenz. Diese ist nach heute internationaler Meinung als Qualitätsmerkmal weitgehend erwünscht (im Gegensatz zum Diamant!). Das bedeutet, dass der Stein im Tageslicht anders erscheint als zum Beispiel in Kerzenlicht. Zumeist wird ein Rubin im Kerzenlicht sprühender, lebhafter erscheinen als bei Tageslicht. Er wird im Schmuckbereich deswegen auch als „Abendstein" bezeichnet. Juweliere nützen dies gerne und zeigen Rubine in Licht mit hohem Gelbanteil. Ein Tipp dazu: Sehen Sie sich einen Rubin auch in Tageslicht an, um festzustellen, ob er Ihnen auch hier gefällt.

Rubin hat fast immer Einschlüsse, zumeist handelt es sich hierbei um Rutil (ein Titanoxid). Dies ist sogar erwünscht: Sind die Rutilnadeln und -kristalle intakt, ist das ein Anzeichen dafür, dass der Stein nicht hochtemperaturbehandelt wurde, also nicht bei hohen Temperaturen „gebrannt" wurde.

Entstehung

Korund und damit Rubin entstehen, wenn es in einem Gestein einen Aluminiumüberschuss bei gleichzeitiger Kieselsäurearmut gibt. Es werden aluminiumreiche Sedimente aufgeschmolzen bzw. in große Erdtiefen abgesenkt. Für die Entstehung des Rubins kommt hier noch etwas Besonderes hinzu: Es muss Chrom anwesend sein, dieses ist aber nur zu 0,02 Prozent Gewichtsanteilen Bestandteil der Erdkruste, was Rubin extrem selten macht. Die für die Bildung von Saphiren notwendigen Eisen und Titan machen dagegen fünf Prozent bzw. 0,44 Prozent der Erdkruste aus. Saphir ist aus diesem Grund viel häufiger als Rubin.

Herkunft und Geschichte

Der wohl berühmteste Herkunftsort für Rubin ist Burma; ab rund dem 13. Jahrhundert ist nachgewiesen, dass hier, besonders in Mogok, Rubin, Saphir, Spinell und andere Edelsteine abgebaut werden. Fast aller alter Herrschaftsschmuck, egal ob jener der Kaiser von China oder jener Österreichs, enthält Steine aus dem

Bis ins 19. Jahrhundert war man nicht in der Lage, Rubin und Spinell zu unterscheiden, alle roten Steine wurden als der teurere „Rubin" verkauft. So sind der größte „Rubin" der österreichischen Kaiserkrone, jener der russischen Zarenkrone oder jener der englischen Krone rote Spinelle.

Einer der feinsten Rubine der Erde: der „Graff-Rubin"

Dieser Rubin mit dem begehrten Prädikat „Taubenblut" stammt aus der Mogok-Region in Burma. Er wurde 2006 noch in einer Gelbgoldfassung von Bulgari vom Juwelenunternehmer Graff um rund 2,5 Mio. Euro ersteigert. Der Stein wurde dann in der abgebildeten Fassung in Weißgold von Graff gesetzt und an einen Privaten verkauft.

APA/MARTIAL TREZZINI/EPA/picturedesk.com

Dieser Besitzer ließ den Stein in der neuen Fassung 2014 wieder versteigern, diesmal erzielte man dafür rund 6,5 Mio. Euro. Die Überraschung: der Bestbieter war wiederum Graff. Er begründete seinen Kauf nach der Auktion mit den Worten: „Dies ist einer der feinsten Rubine der Erde, wir sind froh, ihn wieder zu besitzen." Soweit bekannt befindet sich der Stein auch heute noch im Lager von Graff.

Mogok-Tal. Daher wird im Handel oft nach „Burma-Rubinen" gefragt. Eine weitere Fundstätte in Burma liegt in der Gegend von Mong Hsu. Die Minen in Mong Hsu liefern etwas rissigeres Material als jene in Mogok, außerdem sind die Rubine zumeist von etwas bräunlicherer Farbe, da sie mehr Eisen enthalten als jene in Mogok.

Historisch interessant ist auch, dass es in Europa nur ein Vorkommen gab, das Material in roter Farbe, zumindest für Schnitzereien und Cabochons, aber nicht für facetierbare Ware lieferte, und dieses Vorkommen liegt in Grönland.

Signifikante andere Vorkommen, die Steine hoher Qualität liefern, wurden erst in den letzten Jahren entdeckt: 2007 in Winza in Tansania (allerdings sind die Funde leider 2009 schon wieder versiegt) und 2008 die großen Vorkommen

Derzeit werden fast alle Rubine aus Burma und viele der Steine aus Mozambique an Ort und Stelle „gebrannt" und damit hitzebehandelt. Nur rund jeder 1.000 Stein aus Burma ist schön genug, dass er nicht behandelt zu werden braucht.

in Mozambique. In Sri Lanka werden ebenfalls seit Jahrhunderten Rubine gefunden, diese sind aber eher mittlerer Qualität und auch aufgrund ihrer geringen Menge als „Beiprodukt" zu den dort gefundenen Saphiren zu sehen. Weitere Vorkommen liegen in Thailand (seit 1850), Vietnam (seit 1983), Kambodscha (seit 1874), Pakistan (seit rund 1968), Nepal (seit 1982), Afghanistan, Tadschikistan (seit 1980), Kenia (seit 1974) und Madagaskar (ab rund 2000). Heute liefert Mozambique nach Hochrechnungen rund 80 Prozent der Weltproduktion von hochwertigen Rubinen, Madagaskar liegt bei einem Zehntel dieses Werts, die restlichen Prozentpunkte verteilen sich auf die anderen genannten Fundorte.

Beschreibung und Katalogisierung

Die wichtigste Kategorisierung eines Rubins sind seine Farbe, sein Gewicht und seine Reinheit; bei der Schliffqualität nimmt man leichte Abschläge gegenüber den anderen Faktoren in Kauf.

Für Anlagezwecke kommen Rubine in Naturfarbe ab einem Gewicht von ein Karat infrage. Geschliffene Steine ab einem Gewicht von drei Karat sind extrem selten, ab fünf Karat hat man es bei klaren, roten Steinen mit absoluten Raritäten zu tun und Steine über zehn Karat in intensivem Rot, mit klarem Erscheinungsbild durchschlagen rasch die Drei-Mio.-Euro- Grenze pro Stein.

Was die Farbe anbetrifft, gibt es keine genaue Abgrenzung zwischen einem „pink Saphir" und einem Rubin. Inzwischen versuchen Labors die Menge der Chromatome im Stein zu messen, aber eine internationale Übereinkunft dazu gibt es nicht. Ein Richtwert eines Labors (Gübelin in Luzern) lautet, dass ein pinker oder roter Saphir dann ein Rubin ist, wenn ein Prozent der Aluminiumatome durch Chrom ersetzt wurde.

Auf jeden Fall gilt: Je intensiver Rot der Stein, desto teurer ist er. Im Zertifikat muss „Rubin" für den Stein angegeben sein. Daneben haben sich zwei Farbbezeichnungen eingebürgert, wenn

Ring mit Rubin aus Burma mit rosa Ton, 1,99 Karat, gefasst mit 0,75 Karat Diamanten in 750 Weißgold

Ausführung des Rings und Foto: Norbert Graf

Einschlussbild eines 4,05 Karat schweren Rubins, Naturfarbe, keine Behandlung

Foto: Gübelin

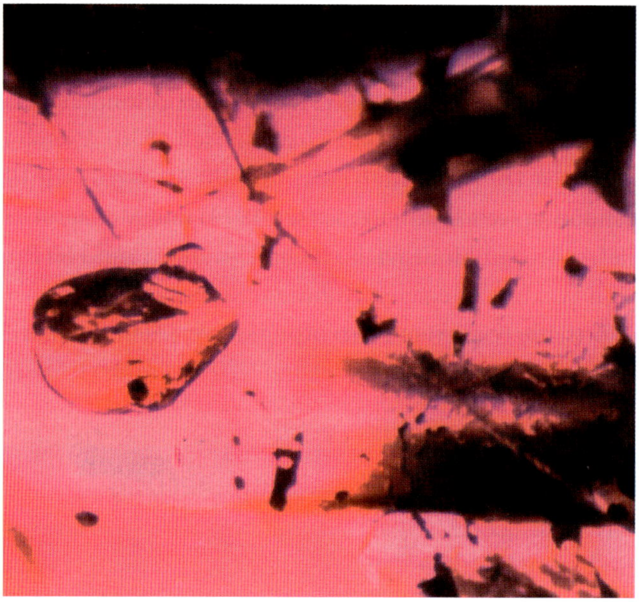

diese auch nicht international genormt sind: „intense red“ für intensiv rote Steine und das berühmte „pigeon blood“, also „Taubenblut“, nachdem vor allem in Asien gefragt wird. Nach dieser Farbbezeichnung soll der Stein die Farbe des Blutes einer frisch geschlachteten Taube aufweisen. Heute ist diese Definition des Bluts der frisch geschlachteten Taube ethisch nicht mehr zu vertreten. Man sagt heute, dass der Rubin „das Rot des Auges der indischen Taube“ haben solle.

Nachdem fast niemand von uns diese Farbe jemals am Tier gesehen hat, wird hier mit Referenzsteinen vorgegangen. Auf jeden Fall handelt es sich bei diesen Steinen um Rubine mit hoher Farbsättigung. Liegt die Farbbezeichnung „Taubenblut“ vor, steigt der Steinpreis um das Doppelte bis hin zum Fünffachem gegenüber anderen intensiv roten Rubinen. Lange Zeit haben Edelsteinlabore weltweit das ersehnte Prädikat „Taubenblut“ nur für Steine aus Burma vergeben, mittlerweile können auch Steine aus Afrika diese Bezeichnung erhalten.

Um ein Karat Farbstein (also in diesem Fall Rubin) zu schleifen, braucht man einen Rohstein mit einem Gewicht von rund einem Gramm, also fünf Karat, damit fallen 4/5 des Steins beim Schleifen weg.

Die beiden Laboratorien SSEF und Gübelin haben sich vor Kurzem darauf geeinigt, dass

„Taubenblut“ nicht nur eine Farbe bezeichnet, sondern eine bestimmte Qualität beschreibt. Es werden darunter Steine verstanden, die Farbe aufweisen, keine starken Einschlüsse haben und außerdem stark und lebendig funkeln, von innen heraus „glühen“. Außerdem müssen diese Steine von ihren Proportionen her gut geschliffen sein. Für das „Glühen“ des Steins ist eine starke Floureszenz notwendig. Daher haben diese Steine einen anderen Rotton bei Tageslicht als bei gelbem Licht, also zum Beispiel bei Kerzenlicht. Das volle Feuer kommt am besten bei Kerzenlicht zum Vorschein.

Zur Reinheit: Hier wird „augenrein“ geschätzt, ist aber nicht unbedingt ein Muss. Wenn der Stein eine sehr gute Farbe hat, dann nimmt man auch kleinere Einschlüsse in Kauf. Eine Besonderheit des Rubins (und auch des Saphirs) besonders aus Burma sind oft schwarze Einschlüsse auf der Rückseite eines Steins: Diese werden bei den günstigeren Steinen auf der Rückseite toleriert, solange sie nicht die Brillanz massiv beeinflussen.

Rubine mit einem Gewicht von zwei bis vier Karat, alle Naturfarbe und unbehandelt, die drei Steine auf der linken Seite stammen aus Mozambique, die beiden Steine auf der rechten Seite aus Burma

Generell sind Steine aus Burma uneinheitlicher (und teilweise poröser) als Rubine aus Mozambique. Dies kann dazu führen, dass Hohlräume und natürliche Risse im Stein vorhanden sind.

Bei den Rissen sind zwei Arten zu unterscheiden: Spannungsrisse und Heilungsrisse. Die Ersteren können natürlich und künstlich entstehen. Wenn der Stein nach seiner Entstehung in der Natur rasch abkühlt, kann dies zu Fissuren führen. Davon sind die künstlichen Spannungsrisse zu unterscheiden, die entstehen, wenn ein Stein von Menschen zur Farbverbesserung erhitzt wird und rasch abkühlt. Letztere sind ein Erkennungszeichen für eine Hochtemperaturbehandlung. Heilungsrisse sind natürlichen Ursprungs: Der Stein ist in der Erde gewachsen, wurde abgekühlt, es bildete sich ein Spannungsriss, der Stein wuchs jedoch weiter, wurde von weiterem Rubinmaterial ummantelt und auf diese Weise „heilte“ der Spannungsriss natürlich aus. Die Heilungsrisse sind unter dem Mikroskop gut erkennbar.

Charakteristika von Rubin nach Herkunft zusammengefasst

Bevor wir zur Beschreibung der Eigenschaften der Steine einzelner Herkunftsgebiete kommen, ein Wort der Vorsicht: Es ist nahezu unmöglich, nur vom Aussehen darauf zu schließen, woher ein Edelstein kommt. Jeder seriöse Gemmologe wird sich hüten, ohne Mikroskop und andere Laborausrüstung frei zu sagen, woher ein Stein kommt!

Rubin aus Burma, Herkunft Mogok-Gebiet:

- Farbe von orangestichigem Rot bis pinkes und tiefes Rot,
- Ton von mittel bis dunkel,
- selten braune Farbtöne beigemischt (wenig Eisengehalt im Stein, hoher Chromgehalt),
- zumeist hohe Floureszenz durch hohen Chromgehalt, also etwas unterschiedliches Aussehen des Steines bei Tages- und Kunstlicht, meist in Kunstlicht „lebendiger“,
- optisch kaum schwarze Flächen entlang der Facetten beim Betrachten,
- Farbsättigung ist hoch,
- rosa Zwischen- und Übertöne sind häufig,
- fast alle Rubine aus Burma haben ein Reinheitsproblem, sind oft von Einschlüßen oder Rissen durchzogen, sehr reine Steine sind selten.

Rubin aus Burma, Herkunft Mong-Hsu-Gebiet, abweichend von jenem aus dem Mogok-Gebiet:

- Höhere Eisenwerte, daher öfters bräunlicher Einschlag,
- Material oft von Rissen durchzogen.

Rubin aus Mozambique und dem restlichen Ostafrika:

- Teilweise hoher Chromgehalt, teilweise niedriger Chromgehalt, damit auch teilweise hohe Floureszenz, teilweise niedrige,
- Steine ohne Floureszenz haben oft gleiche Farbe in Tages- und Kunstlicht,
- auch große, reine Steine vorkommend, sehr oft größer als jene aus Burma.

Rubin aus Thailand:

- Hoher Eisengehalt, daher oft Brauntöne im Stein.

Investmenttipp: Kaufen Sie nur Steine mit einem Gewicht von über einem Karat, besser über zwei Karat. Für ein Investment: nur naturfarbene, unbehandelte Steine mit internationalem Zertifikat und der Stein sollte ein lebhaftes Rot mit wenigen bis mittleren Einschlüssen zeigen.
Schmuckkauftipp: Auch hitzebehandelte Rubine sind in Ordnung und kosten um 30–70 Prozent weniger als naturfarbige.

Rubin mit einem sogenannten „Fenster", das heißt, der Stein ist zu flach geschliffen und das Licht fällt in der Mitte durch den Stein und wird nicht reflektiert. Ein derartiger Schliff mindert den Preis des Steins stark

Saphir

„Die Zeit verweilt lange genug für den, der sie nutzen will."

Leonardo da Vinci

In der Mythologie sagt man, dass die Gesetze von Mose auf einer Tafel aus Saphir geschrieben wurden. Daher wurde in alter Zeit der Saphir auch dem Christentum zugeordnet, die Bischofsringe bis etwa ins 10. oder 11. Jahrhundert waren mit einem Saphir besetzt und wurden erst dann langsam durch den günstigeren Amethyst ersetzt. Der Stein wird außerdem der Loyalität und dem Vertrauen zugeordnet. Einer der frühesten sehr bekannten Saphire war jener, den Karl der Große von einem arabischen Kalifen als „Geschenk des Ostens an den Westen" geschenkt bekam und der als „Talisman Karls des Großen" bekannt wurde. Karl der Große wurde sogar mit dem Talisman auf der Brust begraben, dieser wurde später seinem Grab entnommen und von Napoleon

Der berühmteste Saphir der letzten Jahre: Prinzessin Dianas Verlobungsring

Zur Verlobung bekam Prinzessin Diana von Prinz Charles einen Ring mit einem dunkelblauen Saphir, umgeben von Brillanten, geschenkt. Aufgrund des Blaus des Steins dachte man, dass er aus Burma stammen müsste.

Bevor Prinz William dann den Ring seiner Mutter seiner Verlobten Kate Middleton zur Verlobung schenkte, wurde der Stein ausgefasst und zum Polieren einem Edelsteinfachmann übermittelt. Dieser wusste nicht, um welchen Stein es sich handelte. Erst nachdem er den Stein poliert retournierte, wurde ihm bewusst, um welchen Saphir es sich handelte.

Aus seinen Auszeichnungen wissen wir nun, dass der Stein rund zwölf Karat wiegt und nicht aus Burma, sondern aus Sri Lanka stammt.

Die Verlobung von Prinz William unter Zuhilfenahme des Rings seiner Mutter brachte aber noch etwas anderes mit sich: einen Wechsel im Geschmack. Waren bis dorthin Saphire in China fast unverkäuflich, da sie als Steine des Todes galten, brachte der Saphir in Kate Middleton's Ring einen kompletten Umschwung im Geschmack chinesischer Käufer: Seitdem sind dort Saphire in ähnlicher Fassungsart wie jener in dem hoheitlichen Ring stark gefragt.

seiner Frau Josefine geschenkt. Heute liegt der Talisman im Museum „Palais du Tau“ in Reims.

Das Wort „Saphir“ bedeutet von seinem Sinn her „blau“. Wobei „Sapphiros“ als Bezeichnung für alle blauen Steine, also auch zum Beispiel für Lapislazuli, verwendet wurde.

Der Saphir dagegen ist im Gegensatz zum Rubin in Europa schon lange bekannt: Im Jahr 1824 wurde in Hereford, UK, ein wunderschöner Siegelring mit einem geschnittenen blauen Saphir gefunden, der auf den Zeitraum 1325–1275 vor unserer Zeitrechnung datiert werden konnte.

Der Begriff „Saphir“ wird aber heute für alle Farben des Korunds außer Rot verwendet. Saphire können daher blau (von Hellblau bis tiefes Dunkelblau), weiß, gelb, orange, pink, orange-pink und grün sein. Es kommen sogar mehrere Farben in einem Stein vor (Saphire aus Australien oder Montana). Daneben gibt es noch farbwechselnde Saphire (zum Beispiel von blau bei Tageslicht zu violett bei Kerzenlicht, besonders bei Steinen aus Sri Lanka) und Steine, die ein starkes Verändern der Farbe bei unterschiedlichem Licht inner-

Saphir, 5,81 Karat, aus Sri Lanka, Naturfarbe, keine Behandlung, gefasst mit drei Karat. Diamanten in 750 Weißgold

Ausführung des Rings und Foto: Norbert Graf

halb einer Farbe zeigen (zum Beispiel innerhalb von Purpur bei ostafrikanischen oder burmesischen Saphiren). Am höchsten bewertet wird ein sattes, tiefes und dabei klares Blau, wie es bei Steinen aus Kaschmir oder Burma vorkommt. Daher wird man für Anlagezwecke auch genau diese Steinart auswählen.

Steine mit starkem Farbwechsel oder auch pinke, gelbe und orange Saphire sind für den fortgeschrittenen Anleger bzw. Liebhaber interessant, steigen sie doch ebenfalls stark im Wert.

Eigenschaften

Als Saphir werden alle Farben des Korunds außer Rot (Rubin) bezeichnet. Daher gilt alles, das beim Rubin zu den Eigenschaften gesagt wurde. Die Ausnahme bei den Eigenschaften sind die farbgebenden Spurenelemente: Eisen und Titan bei blauem Saphir, Eisen allein bei gelbem Saphir.

Entstehung

Korund und damit Saphir entstehen, wie beim Rubin beschrieben, wenn es in einem Gestein einen Aluminiumüberschuss bei gleichzeitiger Kieselsäurearmut gibt. Es werden aluminiumreiche Sedimente aufgeschmolzen bzw. in große Erdtiefen abgesenkt. Für die Entstehung des Saphirs kommt hinzu, dass Eisen und Titan anwesend sein müssen.

Herkunft und Geschichte

Saphir ist wohl einer der am Längsten in der Menschheitsgeschichte verwendeten Edelsteine. Schon der sagenhaften Königin von Saba sagte man nach, dass sie die Minen in Sri Lanka ausbeuten ließ, um an schöne blaue Saphire zu gelangen.

Damit ist auch jener Ort genannt, von dem am Anfang wahrscheinlich die ersten Saphire in den Handel kamen: Sri Lanka. Hier wird heute noch vor allem aus sekundären Lagerstätten Saphir aus Flüssen abgebaut.

Der heute im Handel am höchsten geschätzte Herkunftsort blauer Saphire ist jedoch das indische Kaschmir-Gebiet im Himalaya. Dort gab es um 1871 einen Felssturz bei dem blaue Kristalle von Saphir freigelegt wurden. Diese Steine waren von außergewöhnlicher Qualität und fanden daher sehr rasch ihren Weg in den Handel und in zahlreiche Königs- und Adelshäuser. Leider war diese Mine um 1873 ausgebeutet und der Nachschub versiegte. In den darauf folgenden Jahren wurden immer wieder hochqualitative Steine von Regen und Schnee freigelegt und in die Flüsse des Gebiets ausgespült. Diese Saphire finden auch heute immer wieder ihren Weg in den Handel und sind hoch- bis höchstbegehrt. Leider ist aber auch hier heute ein großer Teil der Steine hitzebehandelt.

Ein weiterer wichtiger Herkunftsort für blaue Saphire ist Burma: Dort werden sie gemeinsam mit Rubinen gefunden.

Der größte Teil der heute im Handel befindlichen blauen Saphire kommt aus Madagaskar. Dort wurden an verschiedenen Stellen der Insel hochwertige Saphire gefunden.

Ab dem Jahr 2010 wurde im pakistanischen Kaschmir-Gebiet ebenfalls blauer Saphir gefunden, dieser wird manchmal nur unter „Kaschmir-Saphir",

Saphir Rohsteine, durch natürlichen Transport in Flüssen abgerollt

Foto: APA/Science Photo Library/picturedesk.com

manchmal korrekter Weise unter „Pakistan-Kaschmir-Saphir“ vermarket. Warum ist die Unterscheidung wichtig? Weil diese Steine an die im indischen Kaschmir-Gebiet gefundenen Saphire punkto Qualität noch nicht heranreichen, sie weisen oft eine fahle blaue Farbe oder einen Stich in Richtung grau auf.

Weitere Fundorte sind Afghanistan, Kamerun, Nigeria, Pakistan, Ruanda, Tansania, Thailand, Vietnam, Australien und die USA.

Beschreibung und Katalogisierung

Die wichtigsten Punkte beim Saphir, genauso wie beim Rubin, sind seine Farbe, sein Gewicht und seine Reinheit. Bei der Schliffqualität nimmt man ebenfalls leichte Abschläge gegenüber den anderen Faktoren in Kauf.

Für Anlagezwecke kommen Saphire in Naturfarbe ab einem Gewicht von einem Karat infrage. Geschliffene klare reine Steine ab einem Gewicht von drei Karat sind selten, aber ab 15 Karat hat man es mit Raritäten zu tun.

Beim Saphir wird genauso wie beim Rubin im Rahmen der Wertfeststellung der Fundort miteinbezogen. Nehmen wir an, wir haben einen naturfarbenen, nicht behandelten, blauen, fünf Karat schweren, augenreinen Saphir mit gutem bis sehr gutem Schliff vorliegen. Dann wird bei gleicher Qualität die Abfolge des Werts (höchster zuerst) im Handel wie folgt sein: Kaschmir, Burma, Sri Lanka und Madagaskar.

Die Herkunftsbestimmung bei Saphiren machte seit etwa 2015 einen großen Sprung vorwärts: Korunde und damit Saphire aus Afrika sind etwa 600 Mio. Jahre alt, da damals die geologische Auffaltung der afrikanischen Platte stattfand. Steine aus dem Himalaya-Gebiet (Kaschmir, Burma) sind rund 60 bis 80 Mio. alt, weil wir es hier mit einer weit jüngeren Gebirgsbildung zu tun haben. Man sucht daher seit 2015 nach Einschlüssen in Saphiren in Form von Zirkonkristallen. Diese enthalten Uran (in für Menschen ungefährlichen Mengen), das sich gemäß Zerfallsprozesses in Blei umwandelt. Bei Steinen, die älter sind, also jenen aus Afrika, ist dieser Prozess weiter fortgeschritten als bei Steinen aus dem Himalaya-Gebiet. Wenn man nun das Verhältnis von Uran zu Blei misst, ist damit eine Altersbestimmung zuverlässig möglich.

Charakteristika von Saphir nach Herkunft zusammengefasst

Saphir aus dem indischen Kaschmir-Gebiet (es ist Saphir aus dem pakistanischen Kaschmir-Gebiet auf dem Markt, das bisher eher graue und unansehnliche Steine geliefert hat, daher die Unterscheidung nach Staat):

- Bogen von Violett-Blau bis Intensiv-Blau, niemals grünlich,
- Ton von Medium- bis Tiefblau,
- grauer Anteil ist sehr gering, je blauer desto höher die Qualität,
- ganz wichtig: die Steine haben einen silbrigen, oft innen pudrig anmutenden Glanz; man spricht vom „verträumten Blick des Kaschmir-Saphirs“,
- Farbe ist gleichbleibend und sieht auch in jedem Licht gut aus,
- Farbsättigung ist groß.

Saphir aus Burma:

- Bogen von Violett-Blau bis Intensiv-Blau, niemals grünlich; die teuersten Steine werden beschrieben als „mit einem elektrischen Blau“,
- Ton von Medium- bis Tiefblau, selten auch helle Steine,
- grauer Anteil ist sehr gering; je blauer desto höher die Qualität,
- üblicherweise ist die Farbe gleichmäßiger verteilt als in Steinen aus dem Kaschmir-Gebiet oder aus Sri Lanka,
- die Farbsättigung ist groß,
- es kann mehr dunkle Gebiete im Stein geben als bei Saphir aus dem Kaschmir-Gebiet oder Sri Lanka, aber weniger als bei Steinen aus Australien oder Thailand.

Saphir aus Sri Lanka:

- Bogen von Violett bis Blau; es kommen auch farbwechselnde Steine mit einem Wechsel von Blau bei Tageslicht bis Violett bei Kunstlicht vor,
- Ton von Medium bis Leicht-Blau,
- Farbe Blau hat oft einen Anflug von Grau,
- Farbe ist üblicherweise ungleichmäßig verteilt,
- üblicherweise haben Steine aus Sri Lanka hohe Brillanz, die Farbzonierung und das Grau teilweise wettmacht,
- die Farbe ist üblicherweise weniger gesättigt als bei Steinen aus dem Kaschmir-Gebiet oder jenen aus Burma; je mehr Farbsättigung ein Stein aufweist, desto teurer ist er.

Saphir aus Madagaskar:

- wie die Steine aus Sri Lanka, aber oft große Farbsättigung,
- teilweise Verwechslungsmöglichkeit mit Saphir aus dem Kaschmir-Gebiet für ein bestimmtes Herkunfts- und Entstehungsgebiet in Madagaskar.

Investmenttipp: Kaufen Sie nur Saphire mit einem Gewicht von über zwei Karat, besser über drei Karat. Ausnahme: Hochwertige Saphire aus dem Kaschmir-Gebiet oder aus Burma, diese sind ab einem Gewicht von einem Karat kaufenswert. Für ein Investment: nur naturfarbene, unbehandelte Steine mit internationalem Zertifikat und der Stein sollte ein lebhaftes Blau mit wenigen bis mittleren Einschlüssen zeigen.
Schmuckkauftipp: Auch hitzebehandelte Saphire sind in Ordnung und kosten um 30–70 Prozent weniger als naturfarbige.

Saphir, 1,3 Karat, Burma, Naturfarbe, unbehandelt, mit 0,4 Karat Diamanten gefasst in 750 Weißgold

Ausführung des Rings und Foto: Norbert Graf

Smaragd

„Mit Wohlgefallen laben wir uns zwar am angenehmen Grün der Gräser und Blätter, doch unvergleichlich größer ist das Vergnügen beim Betrachten eines Smaragds; denn sein Grün ist das wohltuendste."

Plinius der Ältere, 24–79 n. Chr.

Von Julius Cäsar ist bekannt, dass er Smaragde wegen ihrer zugeschriebenen Heilwirkung gehortet hat, außerdem war es eine römische Assoziation, dass Smaragd Männer zu guten Rednern macht.

Plinius der Ältere ist auch der erste, der um das Jahr 50 n. Chr. beschreibt, dass man die Farbe des Smaragds verbessern kann, wenn man ihn in Öl einlegt.

Der schöne grüne Smaragd gehört zur Gruppe des Berylls, seine „Geschwistersteine" mit ähnlichen chemischen Eigenschaften sind der Aquamarin (hellblau), der Heliodor (gelb), der Morganit (rosa) und der Goshenit (farblos) sowie der „rote Beryll".

Das Wort „Beryll" oder auch „Beryl" geschrieben, wurde sowohl in Sanskrit, im Griechischen und Lateinischen verwendet. Es ist der Wortstamm des Begriffs „Brillant", welcher heute vor allem für eine Schliffform des Diamant steht und sehr oft fälschlich als Wort für „Diamant" verwendet wird. Der Name „Smaragd" selbst leitet sich vom griechischen „smaragdos" ab, was „grüner Stein" bedeutet.

Nach derzeitiger Forschung ist der Smaragd jener Stein, der von Menschen am längsten als Edelstein verwendet wurde. Er wird historisch oft den Begriffen „Fruchtbarkeit", „Weiblichkeit", „heilig" und „schützend" zugeordnet.

Wörtlich taucht der Smaragd das erste Mal 2500 v. Chr. auf, als er in den „Instruktionen des Ptah-Hotep" in Ägypten beschrieben wird mit: „Weise Worte sind seltener als Smaragd." Der Smaragd wurde in Ägypten dem Leben nach dem Tod und der Reinkarnation zugeordnet. Der Smaragd taucht dann auch in den Legenden um König Salomon und um die Königin von Saba auf, er ist einer der Steine auf der Brustplatte des Hohepriesters im alten Testament und es wurden Texte auf Smaragdtafeln geschrieben. Grün ist auch die Farbe des Islams. Königin Kleopatra von Ägypten ließ die Smaragdminen in ihrem Land ausbeuten und es ist bekannt, dass ihr persönliches Siegel aus einem Smaragd angefertigt war.

Aus römischer Zeit ist bekannt, dass Kaiser Nero beim Betrachten der Spiele eine Brille, gefertigt aus Smaragd, trug. Es ist nicht bekannt, ob er das tat, um seine Augen gegen die Sonne abzuschirmen oder um seine Sehkraft zu verbessern. In jene Zeit datieren auch Funde von Schmuck, die belegen, dass Frauen polierte Rohkristalle des Smaragds, längs gebohrt, als Ohrschmuck trugen.

Im 6. Jhdt. n. Chr. erließ der byzantinische Kaiser Justinian ein Gesetz, durch welches er den Gebrauch von Smaragd zu Schmuckzwecken für Privatpersonen ohne Rang einschränkte. Zu dieser Zeit glaubte man auch, dass Smaragd vor Gift und auch Schlangenbissen schützen solle. Sowohl die Krone Karls des Großen als auch die eiserne Krone der Lombardei waren mit Smaragden besetzt. Heinrich II, König der Iren, wurde als Symbol seiner Macht im Rahmen seiner Thronbesteigung 1171 ein Smaragdring überreicht.

Bis ins hohe Mittelalter waren nur die beiden Fundstätten Sikait (Ägypten) und Habachtal (Österreich) bekannt. Hier änderte sich die Versorgungslage erst als die Konquistadoren Cortez und Pizzaro im 16. Jahrhundert Südamerika eroberten und große Mengen aus den Tempeln der Azteken und Inkas geraubter Smaragde nach Europa brachten.

Eine sehr interessante Wanderbewegung machten diese Smaragde aus Kolumbien im 16. und 17. Jahrhundert durch: Sie kamen durch die Spanier nach Europa doch davor als Handelsgut nach Indien, genauer nach Goa, wo sie an Land gebracht und gegen Rubine und Saphire aus Indien und Hinterindien eingetauscht wurden. So sind alle „alten“ indischen Smaragde Steine, die aus Kolumbien stammen.

Noch einige berühmte Smaragde bzw. Gegenstände aus Smaragd:

- Der Mogul Smaragdbecher: Datierend aus dem frühen 17. Jahrhundert, stellt dieser sieben Zentimeter hohe Pokal, gefertigt aus einem kolumbianischen Smaragd einen der weltweit wichtigsten Smaragdgegenstände dar. Er wurde zuletzt 2003 für etwas unter drei Mio. Dollar versteigert.
- Das Salbgefäß des Kaiserreichs Österreichs mit einem Gewicht von rund 2.600 Karat. Dieses befindet sich in der Schatzkammer in Wien.

Die Krone der Kaiserin Farah Pahlavi von Persien, getragen am Krönungstag
©APA/AFP/picturedesk.com

- Der Mogulsmaragd: Eine Smaragdtafel, eines der ersten bekannten gravierten Smaragdstücke datiert etwa aus den Jahren 1695/1696. Sein Gewicht beträgt 217,80 Karat und wurde zuletzt 2001 für 2,27 Mio. Dollar versteigert.
- Die Krone der Kaiserin Farah Pahlavi: Diese wurde für die Krönung 1967 von Van Cleef & Arpels in den Kellerräumen des Palasts in Teheran aus vorhandenen Edelsteinen, darunter ein paar bemerkenswerte Smaragde, in nur 14 Tagen zusammengebaut. Der Grund dafür: Der Schah weigerte sich, diese Steine ins Ausland gehen zu lassen.

Eigenschaften

„Das Schönste, was wir erleben können, ist das Geheimnisvolle."

Albert Einstein

Der Beryll – und damit der Smaragd – ist ein Beryllium-Aluminium-Silikat mit der chemischen Formel $Be_3Al_2(Si_6O_{16})$. Seine Härte beträgt 7,5–8 und seine Farbe kommt entweder von Chrom oder von Vanadium. In Hinsicht auf das färbende Element gibt es in der Literatur einen Streit: ursprünglich sagte man, nur durch Chrom gefärbter Beryll sei ein Smaragd, dann fand man heraus, dass Smaragd aus Kolumbien auch Vanadium enthält. Heute philosophiert man in Expertenkreisen darüber, ob durch Eisen gefärbter Beryll eben ein Beryll oder doch ein Smaragd ist. Insgesamt ist Beryllium auf der Erde sehr selten. Chrom und Vanadium sind ebenfalls sehr selten, dass Beryllium zusammen mit Chrom und/oder Vanadium vorkommt, ist daher noch seltener. Dazu kommt, dass geologisch und mineralogisch die Wachstumsbedingungen für Smaragd sehr turbulent sind, daher auch die verhältnismäßig vielen Risse und Einschlüsse im Stein selbst. Wenn Beryll absolut rein vorliegt, ohne Chrom- oder Vanadiumanteil, dann ist er völlig farblos (und wird „Goshenit" genannt).

Der Chromgehalt im Stein kann bis zu einige Prozent erreichen, wobei es dann Farbabstufungen im Smaragd von gras- und hellgrün über leuchtendes bis stumpfes Grün geben kann.

Die meisten der im Handel befindlichen Smaragde haben Einschlüsse, die deutlich sichtbar sind. Gänzlich „augenreine" Steine sind selten, viel seltener noch als bei Rubin oder Saphir. Die Einschlüsse des Smaragds werden auch „Jardin" (französisch für „Garten") genannt.

Durch die Einschlüsse im Stein ist Smaragd auch empfindlicher gegen Stoß bzw. auch gegen Chemie als Diamant, Rubin oder Saphir. Die leicht eintretenden Spannungen im Stein beim Wachstum führen zu Einschlüssen von zum Beispiel Salzkristallen, aber auch von Flüssigkeiten und Gasen. Hier allerdings von einem „Fehler" zu sprechen, wäre unfair gegenüber dem wunderschönen Stein. Diese Einschlüsse gehören schlicht und einfach zu seiner Natur.

Je nach Fundort variieren das spezifische Gewicht und die Lichtbrechung des Smaragds. Anhand der beiden genannten Faktoren sowie anhand der Einschlüsse kann die Herkunft des Smaragds relativ leicht bestimmt werden.

Nur rund ein Drittel der zum Beispiel in Kolumbien gefundenen Smaragde ist schleifwürdig.

Der Smaragd hat im Durchschnitt immer mehr Einschlüsse als Rubine, Saphire und andere farbige Edelsteine. Er kann nebeneinander folgende Einschlusstypen aufweisen:

- feste: Kristalle, zum Beispiel Salz (häufig bei kolumbianischen Smaragden),
- flüssige,
- gasförmige sowie
- Frakturen.

Liegen zwei Einschlusstypen vor, spricht man von „Zweiphaseneinschlüssen“, liegen drei vor, dann spricht man von „drei Phasen“. Das vielfältige Einschlussbild wird im Handel auch „Jardin“ (franz. „Garten“) genannt.

Der Smaragd ist auch jener Stein, der über die wohl älteste „Behandlung“ durch den Menschen verfügt: das Ölen. Da der Stein relativ viele Risse aufweisen kann, an denen sich das Licht bricht, kam man schon sehr früh auf die Idee, den Stein in Öl einzulegen. Das Öl kroch in die Risse und Spalten und wenn es den gleichen Lichtbrechungsindex wie der Stein selbst aufwies, verschwanden die Risse optisch. Am Anfang wurde hier Zedernöl verwendet, heute sind Kunstharze üblich, da sie beständiger im Stein bleiben als das Öl. Dennoch hat sich der Terminus „ölen“ für diese Behandlung des Steins erhalten. Fast alle Smaragde im Handel sind auf diese Weise geschönt worden, es ist auch weitgehend akzeptiert.

In einem guten Zertifikat für den Smaragd wird aber in folgender Weise auf die Behandlung hingewiesen:

- no oil
- insignificant oil
- minor oil
- moderate oil
- significant oil

Grundsätzlich besteht folgender Zusammenhang für einen klaren, schönen Stein: je weniger Öl und je weniger Behandlung, desto höher die monetäre Bewertung des Steins.

Eine wichtige Anmerkung: Da Smaragd von seiner Dichte her leichter ist als Rubin, Saphir und auch Diamant, wird zum Beispiel ein Smaragd mit einem Gewicht von fünf Karat immer größer erscheinen als die zuvor angeführten Edelsteine.

Entstehung

Damit sich Smaragd bilden kann, braucht es in der Erdkruste eine Anreicherung des relativ seltenen Elements Beryllium. Neben Beryllium muss allerdings auch noch Chrom anwesend sein. Nachdem diese beiden Elemente in der Erdkruste fast nie miteinander vorkommen, sind auch die Vorkommen von Smaragd auf wenige Stätten auf der Erde beschränkt.

Herkunft und Geschichte

Der Smaragd dürfte zu den am längsten genutzten Edelsteinen gehören, wurde er doch schon in präkolumbianischer Zeit von den Inkas abgebaut. In Ägypten waren die Vorkommen schon um 3500 v. Chr. bekannt. Seit der Kelten- und Römerzeit wurden im österreichischen Habachtal Steine abgebaut, bekannt waren auch Vorkommen in Pakistan. Die Funde dieser drei Fördergebiete waren im Durchschnitt von mittlerer bis sehr schlechter Qualität. Die Qualität der gelieferten Steine verbesserte sich radikal mit jenen aus Kolumbien und ab rund 1830 dann auch mit jenen aus Russland.

Smaragd, 7,5 Karat, Sambia, mit einem 0,51 Karat Diamant im Brillantschliff, Qualität E/IF, Schliff 3x exzellent, gefasst in 750 Weißgold

Ausführung des Rings und Foto: Edwin Surin

Die heute noch immer wohl bekanntesten Smaragde sind jene aus Kolumbien, wo sie in bis zu ca. 30 Zentimeter breiten Gängen vorkommen. Das wirtschaftlich bekannteste Fundgebiet ist jenes von Muzo, ein Zweites existiert bei Chivor.

Erst rund 1912 wurden in Brasilien Smaragde gefunden, 1928 in Sambia, aber erst 1978 kamen die sehr großen und bedeutenden Vorkommen am Kafubu-Fluss hinzu. Weitere Vorkommen befinden sich in Simbabwe, Tansania, Mosambique, Nigeria, Namibia, Südafrika, Madagaskar, Afghanistan, China und Australien.

Der Begriff „hospital green" im Englischen kommt vom Smaragd, da man meinte, dass diese Farbe eine beruhigende Wirkung habe. In China werden Arbeiter, die sehr feine Stickereien durchzuführen haben, aufgefordert, immer wieder grüne Tafeln oder Pflanzen anzusehen, um die Sehkraft zu erhalten. Dem Smaragd werden auch Heilkräfte zugeschrieben: Wenn er getragen wird, soll er die Fruchtbarkeit verbessern, epileptische Anfälle reduzieren und Schlafstörungen beheben. Der Smaragd ist der Geburtsstein des Monats Mai.

Beschreibung und Katalogisierung

Beim Smaragd sind vor allem drei Dinge preisbestimmend: Farbe, Größe (Gewicht) und Reinheit, wobei der Geschmack hinsichtlich Farbe weltweit etwas abweicht: In manchen Weltgegenden sind eher grasgrüne Steine beliebt, in anderen flaschengrüne Steine. Beliebtester Schliff ist der nach dem Stein benannte „Smaragdschliff", er wird auch im Handel am höchsten bewertet.

Maximal bewertet werden reine, eher tief grüne Steine, die über hohe Brillanz verfügen.

Im Rahmen der Herkunftsbestimmung gibt es einen neuen Trend: Das Laborunternehmen Gübelin versucht Smaragdminenbesitzer davon zu überzeugen, noch in der Mine die Smaragde mit einem Öl zu imprägnieren, das Nano-Partikel enthält, die selbst nach Entfernung des Öls noch im Stein haften bleiben. Das jeweilige Öl wird immer nur an eine bestimmte Mine ausgegeben, jede Mine erhält damit ein für sie ganz bestimmtes spezifisches Öl. Wird dies flächendeckend gemacht, ist eine lückenlose Herkunftsbestimmung beim Smaragd möglich.

Investmenttipp 1: Kaufen Sie eher reine, kleinere Steine als große, unreine. Erwerben Sie jedoch erst ab einem Karat Gewicht. Die Herkunft „Kolumbien" wird höher bewertet als andere Länder.

Investmenttipp 2: Kaufen Sie nur Smaragde mit „minor oil" oder höher, am besten wäre „no oil, no treatment".

Schmuckkauftipp: Für Schmuck sind auch Steine mit „moderate oil" gut geeignet und günstiger zu erstehen.

Charakteristika von Smaragd nach Herkunft zusammengefasst

Smaragd aus Kolumbien:

- mittelgrün bis grasgrün, selten tiefgrün,
- oft Stich ins Bläuliche bei sehr hoher Qualität, Stich ins Gelbliche bei niedriger Qualität,
- mittlere Farbsättigung,
- öfter reine Steine, damit auch Steine, die keine Ölbehandlung brauchen,
- auch große Steine bis zu 50 Karat.

Smaragd aus Sambia:

- mittel- bis tiefgrün,
- Farbsättigung zumeist hoch,
- oft mehr Einschlüsse als Steine aus Kolumbien,
- zumeist geölt,
- auch große Steine bis zu 50 Karat.

Smaragd aus Brasilien:

- mittelgrün bis hellgrün,
- zumeist sehr viele Einschlüsse, oft Risse im Material,
- mittlere Steingröße in Edelsteinqualität von 0,1 bis zehn Karat.
- zumeist geölt.

Ring mit Smaragd aus Kolumbien, 2,63 Karat, minor oil, gefasst mit Diamanten in 750-Palladium-Weißgold

Ausführung: Goldschmiedemeister Norbert Graf

Andere Edelsteine

Die exemplarisch hier dargestellten Farbedelsteine wurden deshalb ausgewählt, da sie auf dem Markt teilweise sehr hohe Preise erzielen und weltweit beliebt sind. Sie eigenen sich als Investment dann, wenn man schon Erfahrungen mit Edelsteinen als Investment hat und andere Steinarten zum Beispiel zu Diamant und Rubin „beimischen" möchte. Als alleiniges Investment, wenn man noch keine Erfahrung hat, sind sie eher nicht zu empfehlen.

Alexandrit

Der Alexandrit ist mineralogisch ein Chrysoberyll mit einer hohen Härte von 8,5 und einer großen Dichte von 3,75. Chemisch gesehen ist er das Bindeglied zwischen dem Aluminiumoxid der Korunde und dem Berylliumsilikat des Berylls, also unter anderem des Smaragds. Die Farbe entsteht bei diesem Edelstein durch Eisen und Chrom.

Er wurde erst 1830 in Russland nahe der Stadt Jekaterinenburg entdeckt und zu Ehren von Zar Alexander II „Alexandrit" benannt. Er galt als Nationalstein des zaristischen Russlands, da er die beiden Nationalfarben rot und grün in sich vereint. Seine Besonderheit: In bester Ausprägung ist er bei Tageslicht grün und bei Kunstlicht rot. Er wurde in einer Smaragdmine entdeckt und aufgrund seiner Tageslichtfarbe hielt man ihn anfangs daher für einen Smaragd, bis man feststellte, dass man es mit einem anderen Mineral zu tun hatte. Sein Farbwechsel von im Fall grünlich-bläulich hin zu sattem Rot entsteht nicht durch Eigenfärbung, sondern durch die Zusammensetzung des auftreffenden Lichts. Tageslicht enthält viel Blau, Kunstlicht viel Rot. Die jeweils dominierende Farbe wird vom Alexandrit dann zurückgeworfen.

Alexandrit kommt wie schon gesagt aus Russland, heute aber vor allem aus Sri Lanka, Brasilien und Tansania. Gesucht sind große Steine mit hoher Reinheit und einem hohen Farbwechsel. Diese sind extrem selten, daher erzielt der Stein auch sehr hohe Preise.

Der Farbwechsel von Grün nach Rot wird in Prozent gemessen, der Bestwert ist 100 Prozent. Kaufen Sie keine Steine mit einem Farbwechsel von unter 50 Prozent, ausgezeichnet wären 80 bis 90 Prozent.

Da auch synthetischer Alexandrit auf dem Markt ist, ist ein internationales Zertifikat bei diesem wunderschönen Edelstein ein Muss.

Turmalin

Der Turmalin ist der einzige Edelstein, der in allen Farben von Weiß über den gesamten Regenbogen bis Schwarz vorkommen kann. An Buntheit können es mit ihm nur Granat, Spinell und die Korunde aufnehmen. Er ist in verschiedenen Varietäten auf der ganzen Welt zu finden und in seiner chemischen Zusammensetzung extrem komplex. Seine Härte beträgt sieben bis 7,5 und seine Lichtbrechung liegt ebenfalls im oberen Mittelfeld der Edelsteine.

Vor rund 25 Jahren wurden Turmalinkristall-Bruchstücke, die sich zum Schleifen eigneten, noch in Ölfässer abgefüllt und in 50 Kilogramm oder zumindest Ein-Kilogramm-Mengen gehandelt. Das hat sich enorm gewandelt: heute wird jedes Stück Rohturmalin begutachtet und einzeln per Gramm gekauft.

Paraiba-Turmalin Set für ein Collier, Afrika, 28,56 Karat, erhitzt, da Paraiba-Turmaline erst durch Erhitzen ihre Farbe erhalten

Insgesamt ist der Turmalin also sehr stark im Preis gestiegen. Aus Anlegersicht sind heute zwei Turmalinvarietäten interessant: der Rubellit, dessen Farbe von Rosa bis Rot reicht, sowie der Paraiba-Turmalin, dessen Farbe ein intensives Blau-Türkis sein sollte.

Der Rubellit hat eine angenehm warme rosa bis rote Farbe und kommt in Größen bis rund 25 Karat vor. Er ist nicht zu verwechseln mit rosa Turmalin, der fast immer einen leichten Braunstich hat und damit auch günstiger als der Rubellitist.

„Paraiba-Turmalin“ war einmal eine Herkunftsbezeichnung für intensiv türkis-blaue Turmaline aus Brasilien. Diese Farbvariante des Turmalins wurde 1987 in der Nähe des Dorfs Sao José dé Batalha, Paraiba, entdeckt. Heute ist dies keine Herkunftsbezeichnung mehr, sondern eine Qualitätsbeschreibung. Wenn ein Turmalin als „Paraiba“ bezeichnet werden soll, muss er die Elemente Mangan und Kupfer enthalten, diese beiden müssen auch farbgebend sein und außerdem müssen sein Hauptton der Farbe Blau oder Türkis sein. Die früheren Lagerstätten in Brasilien sind heute weitgehend ausgebeutet, das selten vorkommende Material kommt jetzt aus Mozambique und Nigeria, wo es um 1998 entdeckt wurde. Paraiba ist extrem gefragt und inzwischen sehr teuer geworden. Karatpreise für Drei-Karat-Steine mit intensiver türkiser Farbe von 20.000 bis 30.000 Euro pro Karat sind keine Seltenheit. Damit ist dieser Stein inzwischen so teuer wie Diamant oder Rubin, bei beiden verglichen mit mittlerer Qualität. Die Farbe des Paraiba-Turmalins entsteht erst durch thermische Behandlung, also durch Brennen.

Spinell

Der Spinell führte jahrhundertelang ein Dasein im Schatten des Rubins. Bis ungefähr zum Jahr 1800 war man nicht in der Lage, den roten Spinell mineralogisch vom Rubin zu unterscheiden. Hat doch der Spinell ebenfalls eine sehr hohe Härte von 8. Im Mittelalter wurden alle roten Steine wie Rubin, Spinell und Granat unter dem Begriff „Karfunkelstein" zusammengefasst, darunter fiel eben auch der rote Spinell. Einige der berühmtesten „Rubine" der Erde sind in Wahrheit Spinelle: Der „Black Prince's Ruby" in der königlichen britischen Staatskrone ist ein Beispiel dafür, ein Weiteres ist der größte „Rubin" in der österreichischen Kaiserkrone.

Heute kann abschließend festgestellt werden, ob ein Rubin oder ein Spinell vorliegt: Spinell ist einfach lichtbrechend, Rubin ist doppel-lichtbrechend. Sein Name könnte auf das griechische Wort „sphinter" (Funke) zurückgehen, was seine Eigenschaften – hohe Dispersion, hohe Lichtbrechung und seine optische Brillanz durch Einfachlichtbrechung – würdigen würde.

Roter Spinell, 2,54 Karat, Burma, Naturfarbe, gefasst mit Diamanten in 750-Palladium-Weißgold

Ausführung des Rings und Foto: Norbert Graf

Spinell kommt in allen Farben vor: von Weiß über Gelb, Braun, Pink, Blau bis hin zu Rot. Am gefragtesten auf dem Weltmarkt sind leuchtend rote, augenreine Spinelle mit hohem Gewicht. Auch beim Spinell entsteht die Rotfärbung durch Chrom. Hochwertige rote Spinelle kommen vor allem aus Burma, wo der Stein zusammen mit dem Rubin in Seifen vorkommt und abgebaut wird. Daneben kommt Spinell heute vor allem aus Sri Lanka, Madagaskar und Ostafrika.

Lange Zeit wurde Spinell preistechnisch tief angesetzt. Mittlerweile ist roter Spinell noch immer weit günstiger als Rubin, hat aber starkes Aufholpotenzial für die Zukunft. Vor allem Steine mit einem Gewicht über zehn Karat sind selten. Eine Besonderheit stellt der „Jedy-Spinell" dar: Dieser ist leuchtend rot bist himbeerrot und derzeit in China sehr gefragt.

Jade

Jade wird vor allem in China geschätzt. Den Rest der Welt konnte dieser Edelstein, der heute vor allem aus Burma kommt, noch nicht wirklich begeistern. Unter dem Begriff „Jade" fasst man zwei unterschiedliche Mineralien zusammen: Jadeit (die teure Jade) und den viel günstigeren Nephrit. Letzterer wurde und wird vor allem zu Ziergegenständen, Kugeln und Ketten verarbeitet. Der Grund dafür: Jade ist sehr zäh und widerstandsfähig und lässt sich gut zu Figuren und Ähnlichem verarbeiten.

Die gefragteste Farbe von Jadeit ist ein einheitliches Grün, das zwischen Gras- und Dunkelgrün liegt. Ebenfalls gefragt, aber günstiger, ist einheitlich weiße oder lilafarbene Jade. Der Edelstein ist niemals durchsichtig, sondern höchstens durchscheinend, daher wird der Stein auch nie im Facettenschliff verarbeitet.

Farbsaphire

Wie schon ausgeführt, wird der rote Vertreter der mineralogischen Korund-Gruppe „Rubin" genannt, alle anderen Farben „Saphir". Dies ist aber irreführend, da das Wort „Saphir" die Bedeutung „blau" hat. Daher müssen im Handel alle anderen Saphire, die nicht blau sind, mit ihrer Farbe angegeben werden.

Saphir kann alle Farben und verschiedenes Aussehen annehmen:

- farblos, Handelsname: „Leukosaphir",
- gelb, orange, pink, violett und grün: hier wird die jeweilige Farbe dem Wort „Saphir" vorangestellt,

Purpur Saphir, fünf Karat, Sri Lanka, Naturfarbe, unbehandelt, im Ovalschliff

- gelb mit einem Stich ins Rosa: „Padparadscha“,
- purpur bis violett,
- Sternrubin und Sternsaphir,
- Farbwechselsaphir (von grün oder braun nach rot oder von blau nach violett).

Die jeweiligen Farben kommen durch unterschiedliche im Saphir enthaltene Spurenelemente zustande: bei Gelb und Orange ist dies Eisen, bei Pink wie beim Rubin Chrom, nur in geringerer Menge als beim Rubin. Sternrubin und Sternsaphir bilden sich durch eingelagerte Nadeln anderer Mineralien (vor allem Rutil, einem Titanmineral). Farbwechselsaphire filtern selektiv bestimmte Lichtwellenlängen aus dem Stein. Wird dem farbwechselnden Saphir unterschiedliches Licht „angeboten“, erscheint er dem Auge jeweils in einer anderen Farbe. Im Anlagebereich haben farbloser Saphir sowie die Farbe Grün keine Bedeutung.

Der teuerste der obengenannten Saphire ist der „Padparadscha“, welcher gelb oder gelb/orange mit einem pinken Einschlag sein soll. Der größte Prozentsatz aller Padparadschas ist hitzebehandelt, weil er erst so seine sehr schöne Farbe entwickelt. Auch für solche hitzebehandelte Steine sind hohe bis sehr hohe Preise zu zahlen, sehr rasch steigend mit steigendem Gewicht des Edelsteins. Padparadscha kommt vor allem aus Sri Lanka.

Gelbe und orange Saphire in Naturfarbe kommen ebenfalls aus Sri Lanka, steigen in den letzten fünf Jahren stark im Preis, besonders wieder, wenn es sich um Steine mit einem Gewicht von über fünf Karat handelt. Diese Preissteigerung hat mit einer sehr starken indischen Nachfrage zu tun. Dort glaubt man mythologisch seit Jahrtausenden, dass ein gelber Saphir, der am rechten

Zwei Schlangenringe mit Saphiren: vorderer Ring: besetzt mit 2,56 Karat rosa Saphir, Naturfarbe, Ostafrika, Augen der Schlange schwarze Diamanten, Zunge aus oval geschliffenem Diamant, 0,17 Karat. Dahinter: Schlangenring mit 4,32 Karat Farbwechselsaphir, Ostafrika, Augen der Schlange: grüne naturfarbene Diamanten im Brillantschliff, gefasst in 750 Mittelgold mit schwarzem Rhodium

Zeigefinger eines Mannes getragen wird, Geld und Wohlstand „anzieht“ und gleichzeitig die Sexualkraft des Trägers steigert.

Eine Besonderheit stellen die sogenannten „Padparadscha-Saphire“ dar: dieser Stein ist eher orange und muss, um als Padparadscha zu gelten, einen Pink- oder Rosé-Ton aufweisen. Er ist auch der einzige Stein, bei welchem weniger Farbsättigung den Wert erhöht. Auch für diesen Stein gilt: fast alle Padparadschas auf dem Markt sind gebrannt, die wenigen nicht gebrannten und naturfarbigen Steine erzielen Rekordpreise.

Momentan werden purpurfarbene oder violette Saphire zu einem Preis, der bei einem Zehntel bis einem Fünftel des Preises von blauem Saphir liegt, gehandelt, diese Steine haben preistechnisches Aufholpotenzial. Diese Farbvariante kann nur dort gefunden werden, wo die rote und die blaue Varietät des Korunds vorkommt. Es sind dies die Länder Burma und Sri Lanka sowie der Edelsteingürtel Ostafrikas.

Weit unterschätzt auf dem Markt ist auch ein sehr seltener Saphir: der Farbwechselnde. Dieser Farbwechsel kann im besten Fall von Grün bei Tageslicht auf Rot bei Kunstlicht gehen (wie beim Alexandrit). Dieser Farbwechsel kommt vor allem bei Steinen aus Ostafrika vor.

Oder der Farbwechsel geht von Blau nach Violett, wie dies bei farbwechselnden Saphiren aus Sri Lanka der Fall ist. In beiden Farbwechselfällen sind Steine mit einem Gewicht größer als drei Karat als Seltenheit einzustufen, besonders wenn sie augenrein sind. Diese Saphire weisen auch mineralogisch eine Besonderheit auf: Sie enthalten zumeist sowohl Chrom als auch Eisen/Titan; das heißt, sie sind das mineralogische Bindeglied zwischen Rubin und blauem Saphir.

Tansanit

Als Gestein war dieses Material unter dem Namen „Zoisit" schon lange bekannt, als 1967 in Tansania, ein durchsichtiger, wunderschöner blauer Stein entdeckt wurde. In seiner besten Form ist Tansanit blau, ohne weitere Farbtöne, die zweitbeste Qualitätsstufe weist zusätzlich zum Blau ein violettes Funkeln auf.

Der Stein bekam seinen Namen nach dem Land, in dem er gefunden wurde, nach der Legende von Direktor Platt, einem Mitarbeiter des Tiffany-Konzerns, nachdem man rasch feststellte, dass sein mineralischer Name „Zoisit" auf englisch wie „Suicide" (Selbstmord) klingt und damit der Vermarktung nicht zuträglich war.

Der Stein hat eine Härte von 6,5 bis 7, ist also relativ weich, und ist von Natur aus blau, violett und braun. Wenn man ihn bei rund 320 Grad Celsius brennt, entwickelt er seine berühmte blaue Farbe.

Tansanit und seine blaue Farbe

Die Legende erzählt, dass Arbeiter ein paar bläulich-braune Tansanite nach getaner Arbeit am Abend ins Lagerfeuer warfen. Als sie am Morgen aufstanden, fanden sie in der Asche leuchtend blaue Steine.

Es darf bezweifelt werden, ob diese Geschichte stimmt, eher ist anzunehmen, dass man mit dem gefundenen Material Versuche machte, nichtsdestotrotz ist sie hübsch und gut an Lagerfeuern zu erzählen . . .

Da durch das Erhitzen nicht erwünschte Braun- und Violetttöne ausgeschaltet werden, ist fast alles Tansanit-Material auf dem Markt heute gebrannt. Stark blaue naturfarbene Steine kommen nur sehr selten auf den Markt, hier ist bei großen Größen ab zehn Karat mit einem Karatpreis von rund 4.000 Euro zu rechnen.

Bemerkenswert ist, dass der Stein auch in großen Größen vorkommt, so sind selbst geschliffene Exemplare mit mehr als 100 Karat Gewicht auf dem Markt zu erwerben.

Der Kinofilm Titanic – eine geschickte Marketing-Maßnahme

Der Film „Titanic" erschien 1997 und in diesem Film wirft die Hauptdarstellerin Kate Winslet ein Collier mit einem großen blauen Stein über Bord. Aufgrund der Größe des Steins und seiner Farbe handelt es sich eher nicht um einen Saphir, sondern um einen Tansanit.
Diese Szene im Film bescherte dem Tansanit, der zu diesem Zeitpunkt gerade einen Preisabschwung durchlitt, einen ungeheuren Anstieg in der Beliebtheit beim Publikum.

In Sachen Geldanlage und Investment in Tansanit gibt es derzeit zwei Meinungen: auf der einen Seite ist klar, dass das nur 7x1,2 Kilometer zählende Gebiet in Tansania, in dem der Stein vorkommt, bald ausgebeutet ist. Auf der anderen Seite war in den letzten 40 Jahren kein anderer Edelstein solchen Modeerscheinungen und -strömungen unterworfen wie der Tansanit. Umfangreiches Marketing durch Tiffany's sowie durch den Film „Titanic" (siehe oben) sorgten für Auf- und Abbewegungen des Steins in Sachen Preis um minus 50 Prozent und dann wieder hinauf um 100 Prozent. Derzeit bewegt sich der Preis etwa bei zehn bis 20 Prozent über dem Mindestpreis. Wer also den Stein mag und darauf vertraut, dass seine Lagerstätten bald zur Neige gehen werden, kann ihn jetzt relativ preiswert kaufen.
Investmenttipp: Auf jeden Fall sollte man eher größere Steine (fünf bis 15 Karat) mit tiefblauer Farbe kaufen. Vom Kauf heller, kleinerer Tansanite ist abzuraten.
Schmucktipp: Tragen Sie Tansanit nicht in einem Ring gefasst oder wenn Sie ihn als solchen tragen, seien Sie sehr vorsichtig mit ihm. Tansanit ist relativ weich und zerkratzt daher leider auch rasch.

Granat

Der jahrhundertelang bei uns bekannteste Granat war die rote Varietät, sei es als Pyrop im böhmischen Schmuck oder als Almandin etwas südlicher. Pyrop und Almandin sind zwei Varietäten des Granats, die sich in ihren chemischen Eigenschaften, in der Größe ihrer Kristalle und in ihrer Farbe unterscheiden. Warum die Unterscheidung schon optisch einfach ist? Pyrop erreicht in seiner Rohkristallgröße maximal vier Millimeter, größere Steine sind sehr selten, während Almandin bis zu faustgroß wird.

Granatschmuck – ein zutiefst europäischer Schmuck

Im ehemaligen Böhmen (im heutigen Tschechien) existierten Vorkommen an relativ kleinen, stark funkelnden, rotem Granat. Goldschmiede verarbeiteten diesen Granat im 19. Jahrhundert zu Schmuck und boten diesen der Aristokratie und dem reichen Bürgertum, das in Karlsbad und Marienbad Urlaub machte, zum Kauf an. Innerhalb kurzer Zeit wurde es modern, Granatschmuck zu tragen, er trat seinen Siegeszug bis nach London, Paris und Wien an. Er wurde sowohl zu elegantem als auch zu Trachtenschmuck verarbeitet.

Die Nachfrage war so groß, dass sie mit den böhmischen Vorkommen nicht mehr befriedigt werden konnte. Also importierte man zuerst Granat aus den Nockbergen in Kärnten und später sogar aus Afrika und Indien, um die Käufer zufriedenzustellen. Dass es sich bei der importierten Ware nicht um den in Böhmen vertretenen Pyrop, sondern um Almandin handelte, störte niemanden.

Dies ging soweit, dass, wie wir heute durch gemmologische Untersuchungen seit Kurzem wissen, sogar die „böhmischen Granate" im Orden vom Goldenen Vlies aus Almandin und nicht aus dem böhmischen Pyrop bestehen.

Nach dem ersten Weltkrieg kam es in Böhmen zu einem gewaltigen Abschwung, die Granatschmuckproduktion ging zurück, sie reduzierte sich mit der Machtübernahme der Kommunisten nach dem zweiten Weltkrieg dann auf nahezu Null. Die Granatschmuckproduktion verlagerte sich daraufhin nach Deutschland, Italien und England.

Allerdings wird auch heute noch in Tschechien „Böhmischer Granat" in kleinen Mengen abgebaut – von demselben Unternehmen, das diese Tätigkeit schon während der kommunistischen Zeit wahrnahm – und findet seinen Weg auch in den Handel.

Die Härte des Granat ist wie beim Tansanit rund 6,5 bis 7 und er weist eine hohe Lichtbrechung auf, die je nach Varietät unterschiedlich sein kann.

Pyrop und Almandin sind allerdings heute recht preiswert zu erstehen. Aus anlagetechnischer Sicht haben sich vor allem zwei Steine etabliert: Tsavorit und Mandaringranat.

Tsavorit wurde im selben Jahr entdeckt wie der Tansanit, nämlich 1967. Er ist ein durch Vanadium intensiv grün gefärbter Granat, der nach dem Tsavoria-Nationalpark in Kenia benannt wurde und auch dort zuerst gefunden wurde. Seine grüne Farbe ist warm, dunkel-grün und angenehm, allerdings kommt er meist in kleinen Kristallgrößen vor. Geschliffene, reine Steine über drei Karat sind sehr selten. Etwa 2004 wurde ein Vorkommen in Tansania entdeckt, das auch größere Steine bis 30 Karat Gewicht lieferte, inzwischen ist auch dieses Vorkommen wieder versiegt.

Der Tsavorit ist auf jeden Fall teurer als Tansanit gleicher Größe, aber günstiger als Paraiba-Turmalin. Seit dem Jahr 2004 hat er seinen Preis für feine Größen verdreifacht.

Mandaringranat gehört zum Spessartin innerhalb der Granatgruppe und weist eine wunderschöne intensive orange Farbe auf, die an Mandarinen erinnert, daher sein Name. Er kommt auch in größeren Kristallen vor, hier sind geschliffene Steine über zehn Karat sehr selten. Preislich liegt er unter dem Tsavorit. Seine Herkunft liegt in Namibia und Angola.

Opal

Immer wieder kommt die Frage auf, ob Opal im Wert steigt und zur Anlage geeignet ist. Die Antwort ist ja, es gibt jedoch einige Dinge zu beachten: Opal ist ein Quarz, der in seinem Kristallgitter Wasser enthält. Der Anteil des Wassers kann bis zu 15 Prozent betragen und ist es dem Stein einmal entzogen, kann es nicht mehr hinzugefügt werden. Aus diesem Grund sind Opale vor intensivem Sonnenlicht und Hitze zu schützen, außerdem haben sie die Angewohnheit durch ihren porösen Aufbau auch Kosmetika und Parfüm aufzunehmen. Diese chemischen Stoffe können mit der Zeit den Opal zerstören. Dem Käufer darf auch bewusst sein, dass der Markt für Opale weitaus enger ist als

Opal in zwei Erscheinungsformen: links Boulderopal, rechts Nussopal. Opal wird zumeist als schmale Schicht in Gesteinen gebildet

jener für Rubine oder Saphire. Dies kann auf der einen Seite ein Nachteil sein, kennt man sich jedoch mit dem Stein Opal aus, kann sich daraus infolge der Marktenge auch ein Vorteil entwickeln. Der Opal wird aber sicher nicht der erste Stein sein, wenn man eine Anlagestrategie in Edelsteinen beginnt.

Zuerst zum berühmtesten Opal: dem Edelopal. Er ist von seiner Grundmasse her weiß oder milchig und soll auf seiner Oberfläche ein starkes Farbspiel zeigen. Je stärker dieses ist und je größer der Opal, desto teurer ist er. Gefunden wird der beste Edelopal in Coober Pedy in Australien. Weitere Fundorte sind in Brasilien, in Mexiko und in Äthiopien. In Europa existierte früher ein Abbau in Schlesien, ein guter Teil des Schmucks der Donaumonarchie in Österreich ist mit diesen Opalen besetzt.

Der noch teurere Vertreter des Opals im Vergleich zum Edelopal ist der Schwarzopal: Hier ist die Grundmasse des Steins schwarz oder dunkelgrau und das Opalisieren kommt daher noch stärker zur Geltung. Sein Fundort ist Lightning Ridge in Australien, wo er 1901 das erste Mal gefunden wurde.

Die drei weiteren Varianten des Opals, der Feueropal, der Boulderopal (Opal in seiner ihn umgebenden Gesteinsmatrix eingebettet) und der Yowah-Nuss-Opal (wird in Steinen gefunden, die wie Nüsse aussehen) haben im Schmuck- und Sammlerbereich ihre Bedeutung, aber weniger im Anlagebereich.

Behandlungen

„. . . ich habe in meiner Bibliothek einige Bücher von lebenden Autoren, welche ich unter keinen Umständen nennen möchte, in welchen beschrieben wird, wie man dem Bergkristall die Farbe von Smaragd gibt und wie man andere durchsichtige Steine imitiert. Zum Beispiel wie man einen Sardonyx aus einem Karneol macht, in anderen Worten, wie man den einen in den anderen transformiert. Um die Wahrheit zu sagen, es gibt keinen anderen Betrug, der soviel Ertrag bringt wie die Fälschung von Edelsteinen."

Plinius 23–79 n. Chr.

Seitdem Menschen sich für Edelsteine interessieren und feststellen mussten, dass seltene und schöne Dinge oftmals teuer sind, kam es zu Fälschungs- und Unterschiebungsversuchen. Die ältesten hier sind das „Ölen" bei Smaragden, um Risse weniger sichtbar zu machen, und das „Brennen", um die Farbe, vor allem von Korunden, zu verbessern. Beides ist seit rund 2.100 Jahren bekannt.

Seitdem wurden die Versuche, Edelsteine im Wert künstlich zu steigern, immer ausgefallener und ausgefeilter. Auf der anderen Seite entwickelten sich die Laboruntersuchungen weiter und es ist möglich, alle Behandlungen, die immer den Wert drücken, zu entdecken. Aus genau diesem Grund ist beim Kauf eines Edelsteins ein Zertifikat eines international anerkannten Edelsteinlabors ein Muss.

Zu unterscheiden sind bei allen Edelsteinen Behandlungen, die permanent sind und kaum mehr rückgängig gemacht werden können (Beispiele sind das Erhitzen beim Saphir oder die Rissfüllung mit Bleiglas beim Rubin), und jene, die vorübergehend sind und auch wieder ungeschehen gemacht werden können (zum Beispiel das „Ölen" beim Smaragd).

Weiter gibt es synthetische Steine, das sind künstliche, im Labor vom Menschen hergestellte Produkte, die idente chemische und physikalische Eigenschaften wie die Naturprodukte haben. Daneben existieren „künstliche Steine", die von Menschen erzeugt werden, aber nicht in der Natur vorkommen. Ein Beispiel dafür ist Zirkonia oder YAG. Eine weitere Unterscheidung betrifft die Imitationen, die nichts mit dem Naturprodukt gemeinsam haben, sondern nur in etwa so aussehen (rotes Glas zum Rubin als Beispiel). Um Regeln im Handel bezüglich Behandlungen von Edelsteinen festzulegen, wurde zuerst 1926 die BIBOAH gegründet und 1961 in die „Confederation Internationale de la Bijouterie, Joallerie, Ofevrie, des Diamants, Perles et Pierres (CIBJO)" mit Sitz in der Schweiz umorganisiert. Diese Organisation versucht also Regeln für das Handeln mit Schmuck, Diamanten, Farbedelsteinen und Perlen aufzustellen. Diese „CIBJO-Regeln" haben keine Gesetzeskraft, sondern sind als Handelsbrauch aufzufassen.

Einige Behandlungen von Edelsteinen verlangen laut CIBJO eine „Allgemeine Information", diese soll dann gegeben werden, wenn die Steine:

- mit farblosen Stoffen gefüllt wurden, die in Rissen des Steins vorhanden sind,
- an der Oberfläche gewachst ,
- erhitzt und
- Steine gebleicht wurden.

Daneben gibt es Behandlungen, die dem Käufer als „spezielle Information" mitgeteilt werden müssen, darunter fallen:

- Bleiglasbehandlung beim Rubin,
- Diffusionsbehandlung,
- Färbemittel oder farbgebende Stoffe,
- Bruch- oder Hohlraumfüllungen,
- Imprägnieren mit Kunststoff,
- Überzüge bei Steinen.

Selbst diese „speziellen Informationen" werden oft nicht gegeben. Ein Beispiel dazu: Fast 100 Prozent aller „Blauen Topas" im Handel, wenn die Farbe intensiv ist, sind bestrahlt. Wie oft wird dies einem Kunden im Juwelenhandel gesagt?

Gemäß den Behandlungen hat die CIBJO für die Kennzeichnung von Edelsteinen ein Drei-Buchstaben-System eingeführt:

- „N" . . . Natural: Edelstein, lediglich durch Schleifen und Polieren bearbeitet.
- „E" . . . Enhanced: Edelstein, der mit handelsüblich akzeptierten Methoden modifiziert wurde und damit einer „allgemeinen Information" bedarf .
- „T" . . . Treated: Edelstein, der mit Methoden behandelt wurde, die einer „speziellen Information" bedürfen.

Es folgen nun Beschreibungen der verschiedenen möglichen Behandlungen bei den „Big Four“, also bei Diamant, Rubin, Saphir und Smaragd.

Behandlung beim Diamant

Weiße Diamanten sind zu einem sehr großen Teil heute noch unbehandelt, bei den Farbdiamanten stößt man dagegen breitflächig auf solche.

Werden Diamanten in einem Atomreaktor mit Neutronen beschossen, dringen diese tief in den Edelstein ein und färben ihn grün bis blaugrün. Eine Bestrahlung mit Protonen, Deuteronen oder Alpha-Teilen bewirken ebenso eine grüne Farbe, die jedoch keine große Eindringtiefe aufweist. Eine Behandlung mit beschleunigten Elektronen erzeugt blaue bis grünlich-blaue Farben.

Es gibt auch „schwarze“ Diamanten, die aus diesem Prozess kommen; diese können durch eine grüne Färbung an den Kanten erkannt werden. Sie sind in Wahrheit nicht schwarz, sondern sie sind so tiefgrün, dass sie unserem Auge schwarz erscheinen. Die Mehrheit aller schwarzen Diamanten auf dem Markt kam auf diese Weise zu ihrer Farbe.

Wenn man die Diamanten nach dem Bestrahlen noch erhitzt (auf rund 700 Grad Celsius), dann nehmen sie eine gelbe, braune oder orange Farbe an.

Ende des 20. Jahrhunderts erfand man eine weitere Methode: das „Hochdruck-Hochtemperatur-Verfahren (HPHT)“. Dieses wurde zuerst verwendet, um synthetische Diamanten herzustellen. Es wird jedoch seit 1996 auch zur Behandlung brauner Diamanten hin zu grünen, gelbgrünen oder gelblich-grünen Steinen verwendet. Diese Umwandlung der Farbe passiert während einer Zeitdauer von rund drei Minuten bei einem Druck von 55 bis 60 Kilobar und Temperaturen zwischen 1.900 und 2.200 Grad Celsius.

Werden Diamanten zuerst HPHT-behandelt, danach bestrahlt und erhitzt, dann können auch pinke bis rötliche Farben erzeugt werden.

Relativ neu ist auch die Behandlung mittels „Laserbohrung“. Hier wird ein Diamant mit starken Einschlüssen im Bereich der Einschlüsse mit einem Laser angebohrt und dann mit Säure (zumeist Flusssäure) behandelt. Die Säure dringt in den Bohrkanal ein und zersetzt den Einschluss. Die entstandenen Bohrkanäle werden durch Kunstharz oder Glas aufgefüllt.

Zuletzt werden durch Rissfüllungen Risse im Diamanten für das menschliche Auge unsichtbar gemacht. Diese Methode verwendet seit 1987 hochlichtbrechende Gläser und oder Kunstharze um Risse aufzufüllen.

Behandlung bei Rubin und Saphir

Da der Rubin der zweitteuerste Edelstein bei kleinen Größen (im Vergleich mit dem Diamant) und der teuerste Edelstein bei Größen ab fünf bis zehn Karat ist, ist er auch gleichzeitig Zielgebiet Nummer eins für Behandlungen und auch Fälschungen. Hier eine Übersicht zum Wert eines Rubins mit einem Gewicht von drei Karat, von Naturfarbe ohne Behandlung bis hin zur Synthese:

Herkunft Burma, Taubenblut	300.000 Euro
Herkunft Burma, sehr gute Farbe	60.000 Euro
Herkunft Mozambique, ohne Behandlung, sehr gute Farbe	45.000 Euro
Rubin, Hitzebehandlung, sonst keine Behandlung	30.000 Euro
Rubin, Hitzebehandlung, leichte Rissfüllung	10.000 Euro
Rubin, Hitzebehandlung, starke Rissfüllung	500 Euro
Rubin, Diffusionsbehandlung	300 Euro
Rubinsynthese	10 Euro

Alle Preise in Euro, gesamter Stein, Einzelhandel, inklusive 20 Prozent österr. Umsatzsteuer

Die wichtigste Temperaturbehandlung stellt jene von Korunden, also von Rubin und Saphir, dar. Fast alle heute im Juwelenhandel erhältlichen Korunde sind auf diese Weise behandelt worden.

Was bedeutet „Niedrigtemperatur-“ und was bedeutet „Hochtemperaturbehandlung“?

Bei der Hitzebehandlung werden diese beiden wichtigen Begriffe unterschieden: Bei der Niedrigtemperaturbehandlung bleiben Einschlüsse von Mineralien, die nicht Korund sind, erhalten. Beim Rubin ist das vor allem Rutil, dessen Kristalle nicht geschmolzen werden. Niedrigtemperatur liegt etwa bis 1.100 Grad Celsius vor, da ab rund 1.200 bis 1.350 Grad das Rutil zu schmelzen beginnt. Ist es geschmolzen, dann spricht man von „Hochtemperaturbehandlung“. Wenn schon Brennen vorliegt, werden Steine mit Niedrigtemperaturbehandlung bei gleichem optischen Aussehen höher bewertet als jene mit Hochtemperaturbehandlung.

Welche Einflussfaktoren auf die Temperaturbehandlung gibt es?
Es sind dies:

- Zeit: Wie lange bleibt der Stein auf der höchsten erreichten Temperatur? Wie lange dauert es, ihn zu erwärmen und ihn wieder abzukühlen?
- Temperatur: Die maximal erreichte Temperatur.
- Atmosphäre: Wird Sauerstoff zugegeben oder reduziert?

- Die chemische Struktur des zu behandelnden Steins, das heißt welche Spurenelemente enthalten sind und welche Einschlüsse der Stein aufweist.
- Chemische Struktur des umgebenden Materials: Welches Material umgibt den Stein beim Brennen bzw. liegt in seiner Nähe.

Folgende Ergebnisse können sich bei der Hitzebehandlung einstellen

Bei Rubinen können zwischen 1.100 und 1.800 Grad Celsius unerwünschte braune, violette oder purpurfarbene Farbtöne entfernt werden. Eine weitere beim Rubin durchgeführte Methode ist das Entfernen von zu viel unerwünschter „Rutilseide" durch längeres Brennen zwischen 1.450 und 1.750 Grad Celsius, mit anschließendem schnellen Abkühlen. Nach dem Brennen ist der Stein reiner als zuvor.

Hellblaue oder milchige Saphire werden durch Brennen bei 1.250 bis 1.700 Grad Celsius intensiv blau. Es können aber auch umgekehrt zu dunkle Steine unter Einsatz von Sauerstoff optisch aufgehellt und damit attraktiv gemacht werden (bei 500–1.350 Grad in einer Sauerstoff angereicherten Umgebung).

Fast farblose bis blassgelbe Saphire werden durch Brennen bei 1.000 bis 1.800 Grad Celsius intensiv gelb. Hier wird zweiwertiges Eisen in dreiwertiges Eisen oxidiert. Steine, die vorher pink waren, können sich in Richtung oranger Saphire verändern – in Richtung der berühmten und geschätzten „Padparadschas"

Das wandlungsfähige Wesen – der „Geuda"

In Sri Lanka wird ein Saphirrohmaterial gefunden, das „Geuda" genannt wird. Dieses Material erscheint ohne Behandlung nicht besonders attraktiv, wird der Stein hoher Temperatur ausgesetzt, wird er wunderschön blau. Es gibt eine ganze Reihe verschiedener Erscheinungsformen des „Geuda", eines haben sie alle gemeinsam: eine ölig-goldene Farbe in durchscheinendem Licht. Sonst kann das Rohmaterial viele verschiedene Erscheinungsformen annehmen: von pudrig-hellblauer Farbe, über einen „Nebeleffekt" im Stein, über „Milch" im Saphir bis zur Halbdurchsichtigkeit von wachsartigen Effekten. All dies sind Hinweise darauf, dass der Stein ein „Geuda" ist und sich aus Sicht des Besitzers hoffentlich bei hoher Temperatur (1.250–1.700 Grad Celsius in Sauerstoff reduzierter Atmosphäre) in einen schönen, tiefblauen Saphir verwandeln wird.

Alle diese Methoden können mikroskopisch nachgewiesen werden, da sich sogenannte „Sprengrisse" durch das Erhitzen und anschließende Abkühlen bilden. Auch sind die verwandelten Einschlussbilder, besonders von Rutil, wenn dieses bei „Hochtemperatur" aufgeschmolzen wurde, unter dem Mikroskop zu erkennen.

Insgesamt sind diese Farb- und Reinheitsveränderungen im Handel international anerkannt, jedoch sollte ein Verkäufer darauf aufmerksam machen. Der Preisunterschied zwischen einem mit Hitze behandelten Stein und einem naturfarbenen ist sehr groß. Dies reicht von 20 Prozent Unterschied bei kleinen Steinen bis zu einigen 100 Prozent bei großen Edelsteinen.

Alle anderen Behandlungen außer der Hitzebehandlung m ü s s e n von einem Juwelier oder einem Edelsteinhändler laut CIBJO dem Kunden bekannt gegeben und in der Rechnung vermerkt werden. Alles andere wäre Betrug am Kunden, da diese Behandlungen den Wert eines Steines extrem nach unten drücken.

Seit den 1990er-Jahren werden Rubine zusammen mit chemischen Zusätzen thermisch behandelt. Hierbei werden Farbe und auch Transparenz verbessert. Häufig verwendet wird eine Schmelze aus Borax, Quarz und anderen chemischen Zusätzen, in welchen der Rubin zehn bis 20 Stunden erhitzt wird. Die Boraxschmelze tritt auch in Risse und Ausbrüche ein, auf diese Weise wird die Transparenz verbessert. Die Rückstände dieser Schmelze können im Labor nachgewiesen werden. Seit 2004 werden auch Rubine verkauft, die mit Bleiglas behandelt werden, wodurch sich die Transparenz ebenfalls verbessert.

Einen starken Eingriff stellt die „Diffusionsbehandlung" dar. Hier werden Steine tatsächlich durch farbgebende Substanzen gefärbt, wobei die Eindringtiefe nur 0,01 bis 0,5 Millimeter beträgt. Daher sind die Steine auch nur am Rand gefärbt. Aufgrund der hohen verwendeten Temperaturen bei dieser Methode müssen die Steine nachpoliert werden, wobei wieder Material, das gefärbt wurde, abgetragen wird. Daher können diese Steine aufgrund ihrer unterschiedlichen Farbintensität erkannt werden. Der Stein wird dabei unter Temperaturen von 1.600 bis 1.900 Grad Celsius in einen schlammigen Brei von Titan, Beryllium oder Chromoxiden eingelegt.

Wenn Rubine rissig sind, kommen teilweise auch in die Risse eindringende Farben zur Anwendung, teilweise auch in der Form von Öl. Man spricht dann wie beim Smaragd von „geölten Steinen".

Warum wurde der Saphir orange?

Es gibt eine interessante Anekdote um die Orangefärbung von Saphiren nach dem Brennen. Ein bekanntes Unternehmen, das sich mit der Farbverbesserung von Saphiren (also mehr oder weniger Blau) befasste, erzielte einmal ein überraschendes Ergebnis: Statt dass sich Saphire nach dem Brennen in ihren Blautönen änderten, lagen im Ofen orange Steine. Der Durchführende konnte sich das Ergebnis nicht erklären und brachte die Steine zur Untersuchung in ein Edelsteinlabor. Dort wurden erhöhte Werte von Beryllium festgestellt. Auf Nachforschung kam folgende überraschende Erkenntnis zutage: Am Vortag war im Ofen Chrysoberyll erhitzt worden. Von diesem Vorgang war soviel Beryll in der Luft des Ofens (Chrysoberyll enthält große Mengen Beryll), dass es zur sogenannten „Beryllium-Diffusion“ kam. Das Element Beryll wirkte farbgebend für den nunmehr orangen Saphir.

Durch radioaktive Bestrahlung können blassgelbe Saphire in dunkelgelbe umgewandelt werden, wobei die Farbe allerdings nicht stabil ist, sondern mit der Zeit ihre Intensität verliert.

Absteigend vom höchsten Wert hinab zum niedrigsten Geldwert bei Edelsteinen gilt folgende Ordnung für natürliche hin zu behandelten Steinen:

- natürlicher Stein ohne Behandlung,
- erhitzte/gebrannte Steine,
- diffusionsbehandelte Steine,
- rissgefüllte Steine.

Zusammengefasst: Alle diese Behandlungen müssen dem Kunden bekannt gegeben werden, tut dies ein Händler nicht, haftet er dafür. Je mehr Behandlungen ein Stein erfahren hat, desto geringer sein Wiederverkaufswert.

Behandlung beim Smaragd

Gleich vorweg: Brennen oder Erhitzen wie beim Korund bringt beim Smaragd nichts, der Stein reagiert nicht darauf bzw. wird er möglicherweise dadurch sogar zerstört. Nur bei den anderen Farben des Berylls, bei Aquamarin und bei lachsfärbigen Steinen, wird mit Erhitzen gearbeitet. Die Temperatur beträgt dabei aber zumeist nur 250 bis 500 Grad Celsius, damit ist diese Behandlung im Nachhinein bis heute nicht nachweisbar.

Smaragde sind generell spröde und weisen natürliche Risse auf. Es wurde daher schon im Altertum erkannt, dass durch Einsatz von farblosen Ölen diese Risse optisch für das Auge nahezu unsichtbar gemacht werden können. Das dafür sehr oft verwendete Zedernholzöl hat eine Lichtbrechung, die jener des Smaragds sehr nahe kommt und lässt daher die Risse „verschwinden".

Synthetischer Saphir, fünf Karat, hergestellt von Chatham in den USA, mit 0,75 Karat Diamanten in 750 Palladium-Weißgold

Ausführung des Rings und Foto: Norbert Graf

Heute werden statt Zedernholzöl vor allem Weichharze (zum Beispiel Kanadabalsam) oder zumeist Kunstharze verwendet, da diese ein dauerhafteres Ergebnis als beim Naturöl ergeben und außerdem eine noch „passendere" Lichtbrechung als das Öl haben. Diese Füllungen werden oft durch eine Härtersubstanz oder durch ultraviolette Strahlung gehärtet.

Generalisiert existieren beim Smaragd folgende Behandlungen:

- jene, die die Farbe verbessern (grün-gefärbte Öle oder Harze bei blassem Smaragd),
- jene, die Reinheit verbessern (Öle und Harze),
- jene, die Stabilität verbessern (vor allem Harze bei brüchigen Steinen).

Alle oben genannten Methoden können in einem Labor unter dem Mikroskop nachgewiesen werden. Neu hinzuzukommen scheint die Methode, Smaragde aus Kolumbien durch Bestrahlung in ihrer Farbintensität zu verstärken.

Generell gilt: Je höher die Qualität des Smaragds von Natur aus, desto weniger kann er und muss er behandelt werden.

Synthesen

Die erste Korund-Synthese wurde in Genf im Jahr 1900 hergestellt. Dies ist gleichzeitig der Startpunkt des modernen Edelsteinlaborwesens und seiner Untersuchungen, da man ab diesem Jahr schnell herausfinden wollte, ob eine Synthese oder ein echter, natürlicher Stein vorlag. Zu unterscheiden sind Synthesen und Imitationen. Die Synthese ist die Herstellung eines chemisch mit dem Naturstein identen Materials im Labor. Eine Imitation hat dagegen andere chemische und/oder physikalische Eigenschaften als der zu imitierende Naturstein.

Synthesen des Diamant

Die ersten synthetischen Diamanten wurde 1953 hergestellt. Allgemein werden für die Diamantsynthese hohe Temperaturen und hoher Druck benötigt, im Bereich jener, die bei der natürlichen Bildung in der Erde vorherrschen.

Dafür wurde das „Hochdruck-Hochtemperatur-Verfahren (HPHT)" entwickelt, das mit einer Presse arbeitet. Das Ausgangsmaterial ist Graphit, dieses wird in einen Behälter zusammen mit einem Katalysator gegeben. Die durch den Katalysator „erleichterte" Umwandlungsbedingung von Graphit in Diamant ist dann „nur" 1.400 Grad Celsius unter einem Druck von 50 Kilobar. Die Wachstumsgeschwindigkeit eines Diamant beträgt bei diesem Prozess 0,1 Millimeter pro Minute. Eine Größe der synthetischen Diamanten über 0,5 Millimeter ist selten. Wenn größere Diamantkristalle gefragt sind, werden als Ausgangsmaterial nicht Graphit, sondern synthetisches Diamantpulver sowie synthetische Diamantkeimkristalle verwendet.

Die ersten synthetischen Diamantkristalle in Edelsteinqualität wurden 1970 vom Unternehmen General Electric produziert. Die größten hergestellten Diamantkristalle wiegen 14 Karat.

Das zweite existierende Verfahren zur Erzeugung synthetischer Diamanten wird „Chemical Vapour Deposition (CVD)"-Verfahren genannt. Hier werden dünne Schichten aus synthetischem Diamant erzeugt. Die einzelnen Schichten sind hauchdünne mit Kristallgrößen im Mikro- bis Nanometerbereich. Diese Methode wird vor allem dazu verwendet, um in der Industrie Materialien hauchdünn mit einer Diamantbeschichtung zu versehen.

Synthesen des Korunds

Der erste synthetische Korund wurde 1877 von dem französischen Wissenschafter Fremy hergestellt. Der erste synthetische Korund für Schmuckzwecke wurde 1891 von Auguste Verneuil produziert. Nach ihm wurde dann auch das verwendete Verfahren benannt. Hierbei werden synthetische Rubine direkt aus der Schmelze gezogen. Das Ausgangsmaterial ist reines Aluminiumoxidpulver, dieses wird in einer Knallgasflamme aufgeschmolzen, tropft nach unten, fällt auf einen Keimkristall, welcher sich dreht, und wird so als homogener Kristall auskristallisiert. Fast alle Farben von Farblos über Gelb, Orange, Grün bis hin zu Blau und Rot können produziert werden.

Die Unterscheidung zum natürlichen Korund ist möglich, da synthetischer Korund nach dem Verneuil-Verfahren unter dem Mikroskop gebogene Wachstumsstreifen, gebogene Farbzonierung und auch Gasblasen zeigt.

Das zweite wichtige Verfahren zur Herstellung synthetischen Korunds ist das „Ziehverfahren". Hier wird in einem Iridium-Tiegel (Iridium wegen des hohen Schmelzpunkts von 2.442 Grad Celsius) Aluminiumoxid mittels Hochfrequenzheizung aufgeschmolzen. Dann wird ein Korundkeimkristall abgesenkt, bis er die Schmelze berührt. Diese kühlt ab und kristallisiert am Kristall aus. Letzterer wird mit einer Geschwindigkeit von einem bis 50 Millimeter pro Stunde aus der Schmelze gezogen. Dadurch entstehen Kristalle aus synthetischem Korund mit einer Dicke bis 50 Millimeter und einer Länge bis zu einem Meter.

Die Unterscheidung zum natürlichen Korund unter dem Mikroskop geschieht wieder durch die Feststellung leicht gebogener Anwuchsstreifen sowie durch vorhandene Gasbläschen.

Ein heute wichtiges Verfahren zur Herstellung von synthetischem Korund zu Schmuckzwecken ist das „Flussmittelverfahren". Das Ausgangsmaterial ist auch hier wieder Aluminiumoxid, das mit farbgebenden Metalloxiden und einem Flussmittel, daher der Name, in einem Platintiegel geschmolzen wird. Die Temperatur beträgt durch das Flussmittel moderate 900 bis 1.400 Grad Celsius. Diese wird eine zeitlang konstant gehalten, um eine Durchmischung der Schmelze zu erreichen, danach wird langsam abgekühlt, wobei synthetischer Korund an Keimkristallen an Drahtgestellen auskristallisiert. Der bekannteste Hersteller, der nach diesem Verfahren arbeitet, ist die Firma Chatham in den USA, welche hochqualitative synthetische Korunde herstellt.

Eine Unterscheidung zum natürlichen Korund ist bei diesem Verfahren durch Flussmittelrückstände sowie Rückstände des Platintiegels möglich.

Ein relativ neues Verfahren ist das „Hydrothermalverfahren". Dieses wurde 1991 in Russland entwickelt. Hierbei wird Aluminiumoxid unter Überdruck aufgelöst und kristallisiert an Keimkristallen aus.

Zu unterscheiden von natürlichen Korunden ist dieses Material unter dem Mikroskop durch das Vorhandensein von schlierenhaften Wachstums- und Farbzonen sowie durch metallische Rückstände und Gasblasen.

Synthesen des Smaragds

Erste Arbeiten zur Synthese von Beryll und damit von Smaragd gab es schon in den Jahren 1848, 1880 und 1900. Die wichtigsten Arbeiten zur Herstellung von kommerziell nutzbaren synthetischen Smaragden wurden 1924 bei den IG Farben von den Wissenschaftlern Jaeger und Espig geleistet. Sie verwendeten dazu ein Flussmittelverfahren.

Als Grundmaterialien werden hier Berylliumoxid, Aluminiumoxid und Lithiumchromat (Letzteres zur Farbgebung) verwendet. Diese werden in einem Platintiegel aufgeschmolzen und rund um Keimkristalle an einem Gitter bilden sich Smaragdkristalle. In Abwandlung wurde und wird das Flussmittelverfahren bis heute verwendet.

Zu unterscheiden sind diese Steine von ihren Gegenstücken aus der Natur vor allem durch Rückstände von Flussmittel im Stein.

Beim Hydrothermalverfahren wird unter Überdruck gearbeitet. Entweder werden die Ausgangsmaterialien in Form von Beryllium-, Aluminium- und Siliziumoxiden aufgeschmolzen oder es werden Bruchstücke echter Smaragde verwendet, die ebenfalls aufgeschmolzen werden. Die Temperatur beträgt dabei 500 bis 600 Grad Celsius, der Druck 700 bis 1.400 bar.

Unterschieden werden diese Synthesen von natürlichen Smaragden durch ihr Einschlussbild. Man spricht hier von „schleierförmigen Flüssigkeitseinschlüssen". Natürlicher Smaragd enthält auch immer Wasser, Synthesen nach dem Flussmittelverfahren sind komplett wasserfrei, jene nach dem Hydrothermalverfahren beinhalten Wasser mit Eigenschaften unterschiedlich von natürlich eingeschlossenem Wasser. Daher ist die Unterscheidung „Natur" und „Synthese" im Labor möglich.

Imitationen

Die wohl seit Jahrhunderten bedeutendste Imitation ist jene durch Glas. Viele kunstgeschichtlich wertvolle Gegenstände in unseren Museen enthalten statt Edelsteinen buntes Glas. Glas ist relativ weich und aufgrund seines Brechungsindex leicht als solches zu identifizieren.

Imitationen beim Diamant

Diamant wird durch eine Reihe von Steinen und Stoffen seit Jahrhunderten imitiert. Ein sehr berühmtes „Glas" ist jenes des Joseph Strasser aus Wien, erstmals verwendet um die Mitte des 18. Jahrhunderts. Seitdem nennt man bunt glitzernde Imitationssteine auch „Strass".

Neben dem schon genannten Glas sind Imitationssteine vor allem Bergkristall, Topas, Turmalin und Saphir. Alle diese Steine haben eine deutlich niedrigere Lichtbrechung als Diamant und damit ist die Imitation relativ leicht zu erkennen. Außerdem sind sie alle weicher als der imitierte Diamant.

Moderne Imitationen für Diamant sind seit 1948 synthetischer Rutil, seit 1955 synthetisches Strontiumtitanat (Handelsname „Fabulit"), seit den 1960er-Jahren Yttrium-Aluminium-Granat („YAG"), Anfang der 1970er-Jahre wurde in der ehemaligen Sowjetunion ein neues, und heute sehr verbreitetes Material erfunden: Zirkoniumoxid, heute weitläufig unter „Zirkonia" bekannt. Zirkonia ist das meist verbreitete weiß-glitzernde Material im günstigen Schmuckbereich und sieht Diamant verblüffend ähnlich. Zirkonia darf vom Namen her auf keinen Fall mit „Zirkon" verwechselt werden, Letzterer ist ein echter Edelstein.

Die derzeit am schwierigsten vom Diamant zu unterscheidende Imitation ist „synthetischer Moissanit". Dieses Material wird aus Siliciumcarbid hergestellt und hat eine große Härte von 9,5 und ein starkes Funkeln (Dispersion), das jenem des Diamanten nahe kommt.

Eine Unterscheidung des Diamant von seinen Imitationen ist durch Kenntnis der jeweiligen Eigenschaften möglich, Unterscheidungsmerkmale sind: Die unterschiedliche Härte, die unterschiedliche Dichte (Gewicht in g/cm^3) und ganz speziell – die ausgezeichnete Wärmeleitfähigkeit des Diamant. Einzig synthetischer Moissanit besitzt eine ähnliche Wärmeleitfähigkeit wie der Diamant. Damit würde ein Diamanttester, wie sie im Handel erhältlich sind, bei Moissanit auch „Diamant" anzeigen.

Dennoch kann Moissanit vom Diamant unterschieden werden: Moissanit ist ein elektrischer Halbleiter, was Diamant nicht ist. Daneben kann auch das Absorptionsspektrum im ultravioletten Spektralbereich gemessen werden. Diamant ist UV-durchlässig, synthetischer Moissanit absorbiert UV-Strahlung.

Imitationen bei Rubin und Saphir

Neben Glas als Imitation wurden im Farbsteinbereich seit dem Altertum verschiedene „Unterschiebungen“ verwendet: Das bedeutet, es wird zum Beispiel roter Spinell als Rubin verkauft. Diese Unterschiebung ist für den Laien nicht zu entdecken. Hier bringt nur das vorher Gesagte Abhilfe: Kein Kauf eines Edelsteins ohne Zertifikat eines renommierten Edelsteinlabors!

Eine seit 1848 bekannte Imitation für die Farbedelsteine und damit für Rubin und Saphir ist synthetischer Spinell, da dieser in jeder Farbe hergestellt werden kann, mit Härte 8 auch den physikalischen Eigenschaften der imitierten Steine nahekommt. Kommerziell breitflächig wird diese Imitation seit den 1980er-Jahren eingesetzt.

Imitationen bei Smaragd

Die wichtigste Imitation bei Smaragd ist wiederum Glas. Die zweite seit dem Mittelalter bekannte Methode ist „folierter“ Smaragd von schlechter Qualität. Hier wird in eine Fassung hinter schlechten Smaragd eine grüne Folie geklebt, die den Stein dunkler und grüner erscheinen lässt.

Eine weitere Imitation stellen zusammengesetzte Steine dar. Der Oberteil besteht dann aus farblosem Beryll, der Unterteil aus grünem Glas. Es gibt hier sogar „Tripletten“, die aus drei Teilen zusammengesetzt sind: Die erste sowie die unterste Schicht bestehen dann wieder aus farblosem Beryll, die von gefärbtem Kitt zusammengehalten werden.

Weitere Imitationen für Smaragd sind die künstlichen Produkte Zirkonia und YAG, wie schon beim Diamant beschrieben, nur diesmal nicht farblos, sondern durch Chrom grün gefärbt.

Zertifikate oder die Echtheitsprüfung

Wie bei den Behandlungen bzw. Unterschiebungen angedeutet, ist es für den Laien, aber auch für den Profi, der nicht mit einer vollständigen Laborausrüstung reist, schwierig Steine zu unterscheiden. Noch schwieriger ist die Feststellung von Behandlungen und fast unmöglich ist es unterwegs irgendeine Art von Herkunftsbestimmung eines Edelsteins durchzuführen.

Daher wurden die Zertifikate, also von Fachlabors ausgestellte Bestätigungen der Echtheit, des Umstands von Behandlungen und der Herkunft, in den letzten Jahren im Handel immer wichtiger. Auch Versicherungsgesellschaften bestehen sehr oft neben der Vorlage einer Handelsrechnung auf der Vorlage des Zertifikats, um ein Schmuckstück oder einen Edelstein versichern zu können.

Was beinhaltet ein Zertifikat:

- ein Foto des Edelsteins,
- die Abmessungen inklusive Gewicht,
- die Mineralgruppe, also zum Beispiel Korund oder Beryll,
- den Edelsteinnamen, also zum Beispiel „Rubin“,
- die Aussage, ob es sich um z. B. einen natürlichen Korund oder um eine Synthese handelt,
- die Farbe des Steins,
- eine Aussage darüber, ob der Stein sonst behandelt ist (zum Beispiel Rissfüllungen, bestrahlt oder diffussionsbehandelt),
- wenn in Auftrag gegeben: die Herkunft des Edelsteins,
- bei Diamanten zusätzlich Angaben zur Reinheit, zur Farbe, zur Floureszenz und zur Qualität von Schliff, Symmetrie und Politur.

Der Edelsteinkäufer wird oft vor die Frage gestellt, was als Zertifikat eines Steines gilt. Die Handelsrechnung ist auf jeden Fall kein Zertifikat! Sie ist eine steuerrechtliche Notwendigkeit, gibt den Preis an und ist auch ein Nachweis über den redlichen Erwerb des Steins.

Vorsicht bei von Händlern ausgestellten „Zertifikaten“: Diese sind in der Regel keine, auch wenn sie hübsch gemacht sind. Falls Sie einen Stein verkaufen wollen, wird ein derartiges „Zertifikat“ wenig behilflich sein.

Falls Sie auch daran denken, einen Edelstein einmal international verkaufen zu wollen, sind natürlich auch Zertifikate, die von lokalen gemmologischen Gesellschaften ausgestellt wurden, wenig hilfreich. Es gibt hier jedoch zwei Ausnahmen: die SSEF (Schweizer Gemmologische Gesellschaft), dieses Institut hat bei Farbedelsteinen einen weltweit hervorragenden Ruf, und die Deutsche Stiftung Edelsteinforschung, die in Europa einen sehr gutes Ansehen hat.

Welche Zertifikate zählen dann beim Kauf? Beim Diamant sind das jene des Gemmological Institute of America (GIA) und jene des „Hohen Rates“ (HRD) der Antwerpener Diamantenbörse. Mit Abschlägen ist hier auch das „International Gemmological Institute“ (IGI) zu nennen.

Bei Farbedelsteinen sind es:

- Gübelin (Luzern)
- SSEF (Basel)
- GIA
- GRS
- Dunaigre
- Lotus
- International Gemmological Institute (IGI)
- Gemmological Institute of India (GII)
- EGL
- IGL
- und viele andere

Die Zertifikate für Diamanten und jene für Farbedelsteine sind unterschiedlich aufgebaut und auch unterschiedlich zu lesen, daher folgt hier eine Beschreibung in zwei Abschnitten.

Zertifikate von Diamant

Die beiden wichtigsten Zertifizierungslabors für Diamanten sind das „Gemmological Institute of America“ (GIA) und das HRD. Alle anderen Zertifikate führen bei einem Wiederverkauf zu Preisabschlägen.

Früher hat man Diamanten, die zertifiziert wurden, in Kunststoffboxen eingesiegelt. Auf der Plastikbox war die Zertifikationsnummer angegeben und so war der Diamant mit dem Zertifikat verbunden.

Zertifikate des Gemmological Institute of America (GIA) werden bis zu einem Gewicht des Diamant von einem Karat als „kleines Zertifikat" (im Bild links) und ab einem Karat als „großes Zertifikat" (im Bild rechts) ausgeführt

Heute wird das fast gar nicht mehr gemacht. Nunmehr ist es üblich, dass die Nummer des Zertifikats in die Rondiste (die umlaufende Kante des Diamant) per Laser winzig klein, aber mit Lupe lesbar, eingebrannt wird. Auf diese Weise ist hier die Verbindung zwischen Edelstein und Zertifikat hergestellt.

Möchten Sie überprüfen, ob das Zertifikat echt ist, geben Sie die Nummer des Zertifikats auf der jeweiligen Homepage des Edelsteinlabors ein und am Bildschirm erscheint ein Scan des jeweiligen Zertifikats. Selbstverständlich wird nicht der Besitzer des Steins angezeigt, sehr wohl aber das Zertifikat.

Ein Zertifikat kann als Teil des Eigentumsnachweises angesehen werden. Auf jeden Fall sollten Sie die Zertifikate Ihrer Edelsteine getrennt von den Steinen selbst aufbewahren, um im Fall eines Diebstahls vorgesorgt zu haben. Jeder ehrliche Edelsteinhändler wird, wenn jemand mit gelaserten Diamanten zum Verkauf zu ihm kommt, aber nicht die dazu passenden Zertifikate besitzt und auch sonst den Eigentumsnachweis nicht erbringen kann, die Polizei verständigen. Daher ist das getrennte Aufbewahren von Edelsteinen und Zertifikaten wichtig.

Einem GIA-Zertifikat wird auch das sogenannte „kleine Zertifikat" beigelegt. Diese Beilage enthält alle Angaben des großen Zertifikats. Die Idee dazu ist Folgende: Ein Zertifikat kann auch als eine Art Eigentumsnachweis gesehen werden, daher gibt man ein Zertifikat erst aus der Hand, wenn ein Edelstein verkauft wird und vollständig bezahlt wurde. Möchte man Diamanten verkaufen, geht man nicht mit den Steinen und den Zertifikaten zu einem Händler, sondern zuerst nur mit der Beilage, da auch diese alle Informationen enthält. Manche Händler, aber auch manche privaten Besitzer von Diaman-

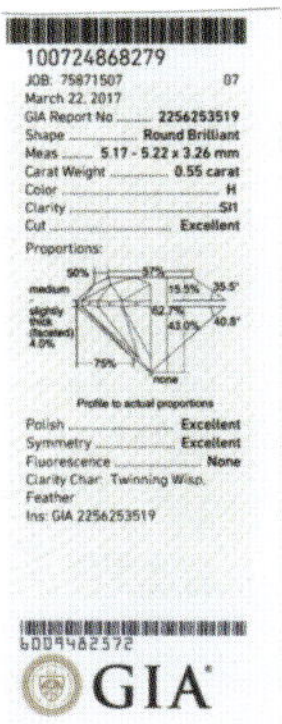

100724868279
JOB: 75871507 07
March 22, 2017
GIA Report No 2256253519
Shape .... Round Brilliant
Meas .... 5.17 - 5.22 x 3.26 mm
Carat Weight .... 0.55 carat
Color .... H
Clarity SI1
Cut .... Excellent
Proportions:

Profile to actual proportions
Polish .... Excellent
Symmetry .... Excellent
Fluorescence .... None
Clarity Char: Twinning Wisp, Feather
Ins: GIA 2256253519

6009482572
GIA

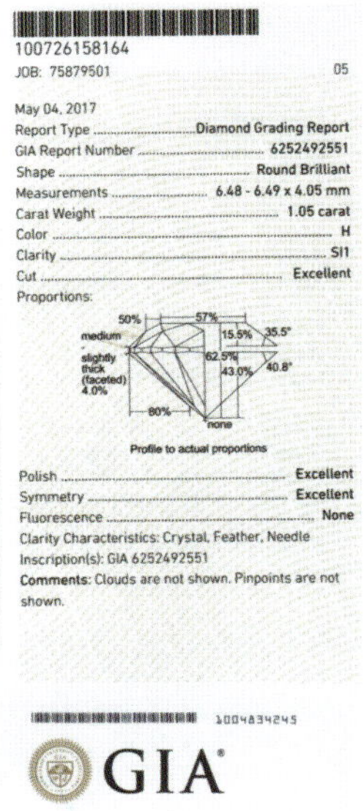

100726158164
JOB: 75879501 05

May 04, 2017
Report Type .... Diamond Grading Report
GIA Report Number 6252492551
Shape .... Round Brilliant
Measurements .... 6.48 - 6.49 x 4.05 mm
Carat Weight .... 1.05 carat
Color .... H
Clarity SI1
Cut .... Excellent
Proportions:

Profile to actual proportions
Polish .... Excellent
Symmetry .... Excellent
Fluorescence .... None
Clarity Characteristics: Crystal, Feather, Needle
Inscription(s): GIA 6252492551
Comments: Clouds are not shown. Pinpoints are not shown.

1004834245
GIA

Wie beim Zertifikat selbst unterscheiden sich bei GIA die Größen der Beilagen zum Zertifkat; links die Beilage für Steine unter einem Karat Gewicht, rechts jene für Steine über einem Karat Gewicht

ten geben auch die Beilage zum jeweiligen Diamant in den Edelsteinbrief und bewahren das Zertifikat aus Versicherungsgründen an einem anderen Ort auf.

Noch eine weitere Anmerkung zur Größe von GIA-Diamant-Zertifikaten: Ist der Stein über ein Karat schwer, ist das Zertifikat geschlossen von vorne 21,6x9,3 Zentimeter groß, wiegt er unter einem Karat, ist das Zertifikat 12,8x9,3 Millimeter groß.

Inhaltlich wird im Diamantzertifikat angegeben:

- Zertifikatsnummer,
- Schliff (z. B. Brillant-, Smaragd-, Oval- oder Prinzessschliff usw.)
- Maße des Diamant auf hundertstel Millimeter genau,
- Gewicht in Karat auf hundertstel Karat genau,
- Farbe von D bis Z,
- Reinheitsgrad von IF bis P3,
- Schliffgrad von „excellent“ bis „poor“,
- Politur von „excellent“ bis „poor“,
- Symmetrie von „excellent“ bis „poor“,
- Floureszenz von „none“ bis „strong“,
- sonstige Charakteristika des Steins, wenn zutreffend,
- ein Profil des Schliffs in Prozent ausgedrückt,
- bei Steinen über einem Karat Gewicht findet sich auch eine schematische Darstellung der Einschlüsse, falls zutreffend.

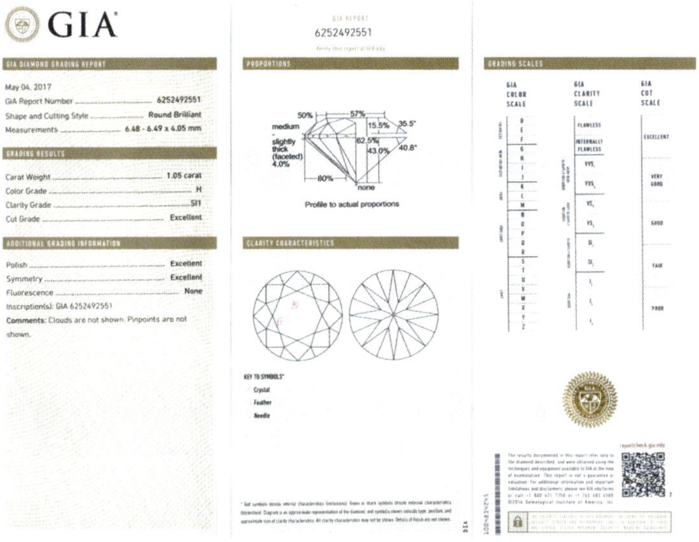
GIA

GIA DIAMOND GRADING REPORT

May 04, 2017

GIA Report Number 6252492551

Shape and Cutting Style .... Round Brilliant

Measurements .... 6.48 - 6.49 x 4.05 mm

GRADING RESULTS

Carat Weight .... 1.05 carat

Color Grade .... H

Clarity Grade SI1

Cut Grade .... Excellent

ADDITIONAL GRADING INFORMATION

Polish .... Excellent

Symmetry .... Excellent

Fluorescence .... None

Inscription(s): GIA 6252492551

Comments: Clouds are not shown. Pinpoints are not shown.

GIA REPORT

6252492551

PROPORTIONS

CLARITY CHARACTERISTICS

KEY TO SYMBOLS*

Crystal

Feather

Needle

GRADING SCALES

GIA-Zertifikat eines 1,06 Karat schweren Diamant im Brillantschliff, Qualität H/SI1, 3x „exzellent" bei Schliff, Symmetrie und Politur, keine Floureszenz. In der Mitte werden in der stilisierten Darstellung des Brillanten die Einschlüsse gezeichnet

Auf ein Foto eines weißen Diamant wird in den meisten Zertifikaten verzichtet, da dieses keinen großen Informationswert hätte, wichtiger sind die oben genannten Parameter.

Zertifiziert werden üblicherweise alle weißen Diamanten guter Qualität mit einem Gewicht ab 0,33 Karat. Liegt das Gewicht darunter und besteht der Käufer auf einem Zertifikat, werden ihm die Kosten für dieses zumeist extra berechnet.

Bei Farbdiamanten findet man nicht die Einstufung der Farbe weißer Diamanten von D bis Z, sondern die entsprechende Beurteilung für Farbdiamanten, alle anderen Angaben bleiben gleich. Zertifikate der GIA für Farbdiamanten sind immer 21,6x9,3 Zentimeter groß.

Zertifikate von Farbedelsteinen

Die Zertifikate für Farbsteine unterscheiden sich je nach ausstellendem Institut stark im Aussehen. Auf jeden Fall muss ein Zertifikat enthalten:

- ausstellendes Institut,
- Zertifikatsnummer,
- ein Foto des Edelsteins,
- die Abmessungen des Steins inklusive Gewicht, auf hundertstel Millimeter bzw. hundertstel Karat genau,
- die Mineralgruppe, also zum Beispiel Korund oder Beryll,

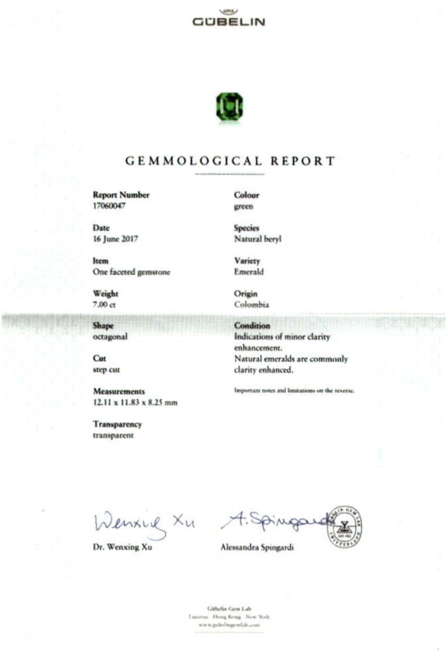
GÜBELIN

GEMMOLOGICAL REPORT

Report Number 17060047	**Colour** green
Date 16 June 2017	**Species** Natural beryl
Item One faceted gemstone	**Variety** Emerald
Weight 7.00 ct	**Origin** Colombia
Shape octagonal	**Condition** Indications of minor clarity enhancement. Natural emeralds are commonly clarity enhanced.
Cut step cut	Important notes and limitations on the reverse.
Measurements 12.11 x 11.83 x 8.25 mm	
Transparency transparent	

Dr. Wenxing Xu — Alessandra Spingardi

Zertifikat von Gübelin, Luzern, für einen Smaragd mit einem Gewicht von 7,00 Karat aus Kolumbien. Der Prüfbericht weist aus, dass der Stein „minor clarity enhancement“ aufweist

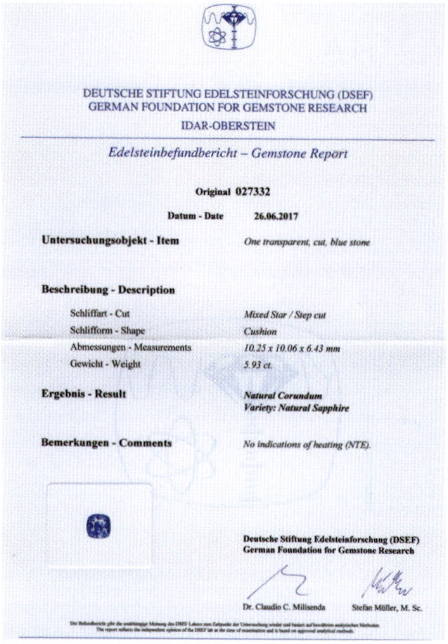
DEUTSCHE STIFTUNG EDELSTEINFORSCHUNG (DSEF)
GERMAN FOUNDATION FOR GEMSTONE RESEARCH
IDAR-OBERSTEIN

Edelsteinbefundbericht – Gemstone Report

Original 027332

Datum - Date **26.06.2017**

Untersuchungsobjekt - Item	*One transparent, cut, blue stone*
Beschreibung - Description	
Schliffart - Cut	*Mixed Star / Step cut*
Schliffform - Shape	*Cushion*
Abmessungen - Measurements	*10.25 x 10.06 x 6.43 mm*
Gewicht - Weight	*5.93 ct.*
Ergebnis - Result	***Natural Corundum*** ***Variety: Natural Sapphire***
Bemerkungen - Comments	*No indications of heating (NTE).*

Deutsche Stiftung Edelsteinforschung (DSEF)
German Foundation for Gemstone Research

Dr. Claudio C. Milisenda — Stefan Müller, M. Sc.

Prüfbericht der „Deutschen Stiftung Edelsteinforschung“ für einen unbehandelten Saphir mit einem Gewicht von 5,93 Karat Neben den Schweizer Labors Gübelin und SSEF ist sie in Europa hoch angesehen

- den Edelsteinnamen, also zum Beispiel „Rubin“,
- die Aussage, ob es sich um einen natürlichen Edelstein oder um eine Synthese handelt,
- die Farbe des Steins (bei einem Rubin ergibt sich „Rot“ aus dem Edelstein selbst, z. B. bei einem Saphir wird die Farbe angegeben),
- eine Aussage darüber, ob der Stein hitzebehandelt ist,
- eine Aussage darüber, ob der Stein sonst behandelt ist (zum Beispiel Rissfüllungen, bestrahlt oder diffusionsbehandelt),
- wenn in Auftrag gegeben: die Herkunft des Edelsteins.

Eine Anmerkung zur Angabe der Herkunft von Edelsteinen: Die Herkunftsbestimmung kann vom Besitzer des Steins extra beauftragt werden. Sie ist üblicherweise teuer und beträgt oft 50 Prozent der Kosten eines Zertifikats inklusive Herkunftsbestimmung, daher scheuen sich viele Besitzer, diese durch-

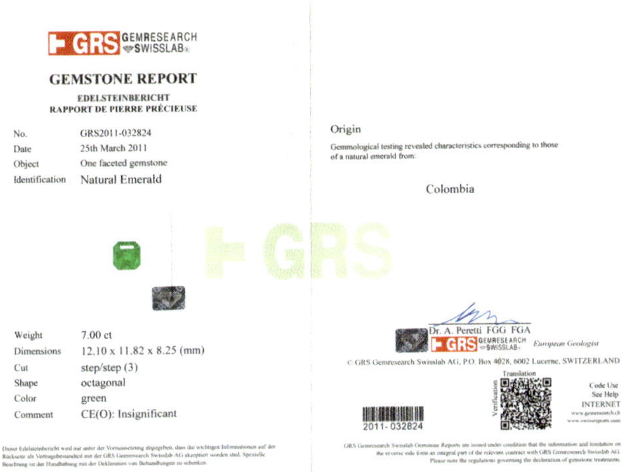
GRS GEMRESEARCH SWISSLAB

GEMSTONE REPORT

EDELSTEINBERICHT
RAPPORT DE PIERRE PRÉCIEUSE

No.	GRS2011-032824
Date	25th March 2011
Object	One faceted gemstone
Identification	Natural Emerald

Weight	7.00 ct
Dimensions	12.10 x 11.82 x 8.25 (mm)
Cut	step/step (3)
Shape	octagonal
Color	green
Comment	CE(O): Insignificant

Dieser Edelsteinbericht wird nur unter der Voraussetzung abgegeben, dass die wichtigen Informationen auf der Rückseite als Vertragsbestandteil mit der GRS Gemresearch Swisslab AG akzeptiert worden sind. Spezielle Beachtung ist der Handhabung mit der Deklaration von Behandlungen zu schenken.

Origin

Gemmological testing revealed characteristics corresponding to those of a natural emerald from:

Colombia

Dr. A. Peretti FGG FGA
GRS GEMRESEARCH SWISSLAB European Geologist

© GRS Gemresearch Swisslab AG, P.O. Box 4028, 6002 Lucerne, SWITZERLAND

2011-032824

Translation
Verification
Code Use
See Help
INTERNET

GRS Gemresearch Swisslab Gemstone Reports are issued under condition that the information and limitation on the reverse side form an integral part of the relevant contract with GRS Gemresearch Swisslab AG. Please note the regulations governing the declaration of gemstone treatments.

Zertifikat von GRS, Schweiz, für einen Smaragd mit einem Gewicht von 7,00 Karat aus Kolumbien. Dieser Prüfbericht betrifft den gleichen Stein wie in dem Zertifikat von Gübelin. Hochwertige Steine werden manchmal mehrmals von unterschiedlichen Laboren geprüft

führen zu lassen. Mittlerweile sind einige Labors dazu übergegangen, zu prüfen, ob ein Stein hitzebehandelt ist oder nicht, und dies dem Besitzer zuerst mitzuteilen. Erst wenn feststeht, dass ein Stein Naturfarbe besitzt, wird die Herkunftsbestimmung durchgeführt.

Zertifikat von Gübelin, Luzern

Bei einigen Steinen macht sie auch tatsächlich keinen Sinn: Fast alle intensiv gelben Saphire kommen beispielhaft aus Sri Lanka, hier macht die Bestimmung der Herkunft beim Wert keinen Unterschied. Ganz anders bei den Rubinen: Nachdem im Handel für die Herkunft „Burma" ein zum Teil hoher Aufpreis gezahlt wird (umso höher je größer der Stein), ist die Herkunftsbestimmung hier auf jeden Fall den Aufpreis wert. Beim Zertifikat des „Gemmological Institute of India" (GII) auf der nächsten Seite, Außen- und Innenansicht; auf der Außenseite ist rechts oben ein Aufkleber zu sehen: Viele Edelsteinhändler schreiben Steinart und -gewicht auf solche Aufkleber, um Zertifikate nicht aufklappen zu müssen auf der Suche nach dem richtigen Begleiter zu dem jeweiligen Stein.

In Zertifikaten finden sich für Rubine folgende spezielle Anmerkungen zur Farbe:

- „Pigeon blood" oder „Taubenblut": Die teuerste aller Farben, sie wird nur für Naturfarbe vergeben und erhöht, sobald sie vorliegt, den Preis des Steins um 100 und mehr Prozent. Die Feststellung, ob diese Farbe vorliegt, geschieht auf Basis von Referenzsteinen.

GEMMOLOGICAL INSTITUTE OF INDIA™

(A Project of The Gem & Jewellery Export Promotion Council)

Co-sponsored by : 3558

Bharat Diamond Bourse • Diamond Exporters' Association Limited • Gem & Jewellery Exporters' Association • Mumbai Diamond Merchants' Association

CIBJO RECOGNIZED GEM TESTING LABORATORY • DIAMOND GRADING LABORATORY • GOVERNMENT OF INDIA RECOGNIZED R & D LABORATORY

GEMSTONE REPORT Date: 20-Nov-2015

ORG-15000334-004

On receipt of your letter, we undertook testing and identification of the Gemstone / Mineral entrusted to us/our representative at our Laboratory. The results obtained are given below :-

Weight in cts	: 2.86 Cts
Mounted or Unmounted	: UNMOUNTED
Colour	: RED
Type of cut	: OVAL MIXED CUT
Dimensions	: (8.75 x 7.20 x 4.70 mm) Approx

K.T. Ramchandran, F.G.A.
(Gemmologist)

IDENTIFICATION
* * * RUBY-NATURAL * * *
(No indication of Thermal Enhancement)
ORIGIN : AFRICA

A Project of GJEPC INDIA

GII GEMMOLOGICAL INSTITUTE OF INDIA™

Jewellery / Gemstone / Mineral sample is returned herewith
This report is subject to the terms and conditions and comments set forth on the folder.

Beispiel für ein Zertifikat des „Gemmological Institute of India" (GII) für einen unbehandelten Rubin aus Afrika mit einem Gewicht von 2,86 Karat. Für einen hochwertigen Stein wie diesen wird zumeist nach Import in Europa ein zweites Prüfgutachten in Auftrag gegeben

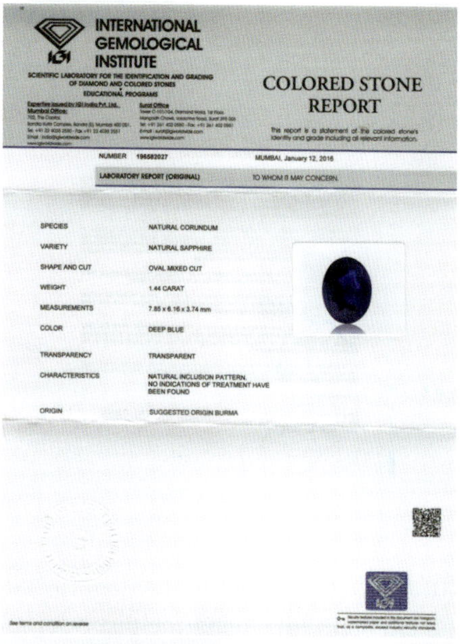

INTERNATIONAL GEMOLOGICAL INSTITUTE

SCIENTIFIC LABORATORY FOR THE IDENTIFICATION AND GRADING OF DIAMOND AND COLORED STONES
EDUCATIONAL PROGRAMS

COLORED STONE REPORT

This report is a statement of the colored stone's identity and grade including all relevant information.

NUMBER 196582027 MUMBAI, January 12, 2016

LABORATORY REPORT (ORIGINAL) TO WHOM IT MAY CONCERN

SPECIES	NATURAL CORUNDUM
VARIETY	NATURAL SAPPHIRE
SHAPE AND CUT	OVAL MIXED CUT
WEIGHT	1.44 CARAT
MEASUREMENTS	7.85 x 6.16 x 3.74 mm
COLOR	DEEP BLUE
TRANSPARENCY	TRANSPARENT
CHARACTERISTICS	NATURAL INCLUSION PATTERN. NO INDICATIONS OF TREATMENT HAVE BEEN FOUND
ORIGIN	SUGGESTED ORIGIN BURMA

See terms and condition on reverse

Prüfbericht des „International Gemmolgical Institute" (IGI) für einen unbehandelten Saphir aus Burma mit einem Gewicht von 1,44 Karat

- „Intense red" oder „intensives Rot": Dies ist eine Abstufung zu „Taubenblut" und führt ebenfalls zu einer Preiserhöhung.
- GRS führt manchmal auf einem Beiblatt die Anmerkung zur Farbe an: „Farbe erinnert an Taubenblut". Dies stellt nicht die teure Farbe „Taubenblut" dar, sondern ebenfalls eine Farbe eine Stufe darunter.

Bei blauen Saphiren gibt es zwei Farbstufen:

- „Cornflower blue" – das berühmte „Kornblumenblau", das aber von den führenden großen Instituten nicht mehr zertifiziert wird, da es nach Angabe dieser Labors dafür keine Referenzsteine bzw. -farben gibt. Die Farbe wird sehr wohl jedoch noch von lokalen Labors vergeben und stellt eine Werterhöhung dar.
- „Royal blue" – diese Farbe wird vor allem von europäischen Labors zertifiziert und stellt eine dunkelblaue Farbe mit hoher Farbsättigung und

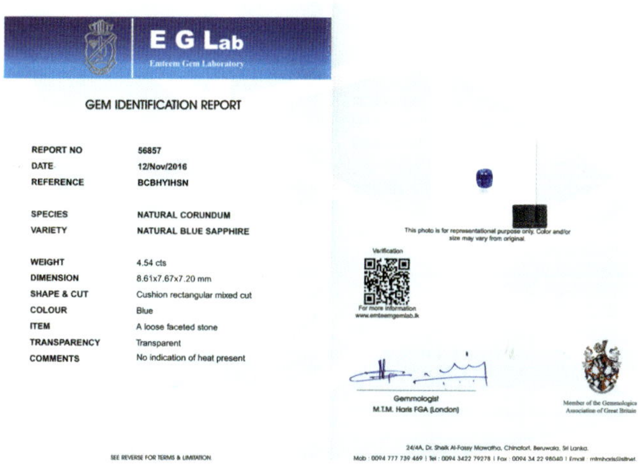

E G Lab
Emteem Gem Laboratory

GEM IDENTIFICATION REPORT

REPORT NO	56857
DATE	12/Nov/2016
REFERENCE	BCBHYIHSN
SPECIES	NATURAL CORUNDUM
VARIETY	NATURAL BLUE SAPPHIRE
WEIGHT	4.54 cts
DIMENSION	8.61x7.67x7.20 mm
SHAPE & CUT	Cushion rectangular mixed cut
COLOUR	Blue
ITEM	A loose faceted stone
TRANSPARENCY	Transparent
COMMENTS	No indication of heat present

This photo is for representational purpose only. Color and/or size may vary from original.

Verification

For more information
www.emteemgemlab.lk

Gemmologist
M.T.M. Haris FGA (London)

Member of the Gemmological Association of Great Britain

SEE REVERSE FOR TERMS & LIMITATION

24/4A, Dr. Shaik Al-Fassy Mawatha, Chinafort, Beruwala, Sri Lanka.
Mob : 0094 777 739 469 | Tel : 0094 3422 79278 | Fax : 0094 34 22 98040 | Email : mtmharis@sltnet

Zertifikat „E G Lab" aus Sri Lanka für einen Saphir mit einem Gewicht von 4,54 Karat

hoher Brillanz dar. Diese Zertifizierung ist ebenfalls stark Wert erhöhend. Sie wird auf Basis von Referenzsteinen vergeben.

Die Kosten eines Zertifikats reichen von rund 30 Euro bei einem lokalen Institut wie in Indien oder Sri Lanka bis hin zu rund 800 Euro für einen vier Karat schweren Rubin inklusive Herkunftsbestimmung bei Gübelin in Luzern oder bei SSEF in Basel. Der Kaufpreis des Edelsteins hat damit auch einen gewissen Einfluss darauf, welches Zertifikat man bei einem Kauf eines Steins erhält: Kostet der Stein beispielhaft 500 Euro, kann der Käufer kein SSEF- oder GRS-Zertifikat erwarten.

In letzter Zeit (2017) hat Gübelin in Luzern begonnen, seinen Zertifikaten für natürliche, unbehandelte Saphire und Rubine Einschlussfotografien auf einem extra Blatt, das mit der Zertifikatsnummer versehen ist, beizugeben. Auf diese Weise ist eine Identifikation des Steins aufgrund seiner Einschlüsse möglich.

Von manchen Labors wird dem Zertifikat ein Blatt beigelegt, das die wichtigsten Merkmale des Edelsteins bzw. seiner Herkunft kurz beschreiben.

Schliffarten

Bei Edelsteinen möchte man vor allem zwei Dinge: Ausgezeichnete Farbe und ein starkes Funkeln des Steins. Aufgrund des zweiten Punktes begann man sehr früh, Steine zu polieren. So etwas wie ein „Schliff" war bis etwa zum Jahr 1400 unbekannt.

Der Grund dafür war ein denkbar einfacher: Diamant war zu hart, um geschliffen zu werden, außerdem stand besonders in Indien der Glaube, dass der Stein seine mythische Kraft verliere, wenn er bearbeitet würde, einer Schliffform entgegen. Auch Korund und Beryll sind so hart, dass sie nur poliert wurden.

Dann wurde eine Bearbeitung namens „holländische Rose" gefunden: ein flacher rückwärtiger Boden, die Oberseite des Steins halbkreisförmig gewölbt und auf dieser Wölbung wurden einzelne „Facetten", also Schliffflächen, angebracht.

Marquise-Schliff

Gemischter Kissen-Schliff

Triangle-Schliff

Prinzess-Schliff

Brillant-Schliff

Asscher-Schliff

Foto: selensergen – Thinkstock.com

Erst nach und nach entwickelten sich Schliffe bei denen Vorder- und Rückseite eines Steines bearbeitet wurden, die berühmtesten sind heute der Rundschliff mit seiner Idealform, dem „Brillant“, dann Oval-, Smaragd-, Baguette-, Herz-, Kissen-, Marquise- und Prinzessschliff sowie einige sich daraus ergebende gemischte Schliffformen. Es gibt auf dem Markt noch weitere tlw. sehr exotische Schliffformen, von denen manche von einzelnen Unternehmen entwickelt wurden. Solche Steine sind schön anzusehen, man macht sich im Anlagebereich damit aber keine Freude, da sie bei einem Wiederverkauf immer mit Preisabschlägen gegenüber gängigen Schliffen belegt werden.

Warum ein bestimmter Schliff gewählt wird, hat zwei Gründe: Erster und wichtigster ist die Form des Rohsteins und seiner existierenden optischen und mineralogischen Achsen. Der zweite Grund ist, dass vom Endkunden und Investor bestimmte Schliffformen erwartet werden.

Der Smaragdschliff wurde eigens für seinen namensgebenden Edelstein entwickelt: Da Smaragd gerne an seinen Kanten bricht, wenn diese spitz zulaufen, wurde für ihn extra ein Schliff entwickelt, der abgerundete Kanten aufweist.

Foto:selensergen – Thinkstock.com

Baguette-Schliff

Oval-Schliff

Smaragd-Schliff

abgeänderter Brillant-Schliff

zulaufender Baguette-Schliff

Herz-Schliff

Tropfen-Schliff

Eine weitere Besonderheit stellt der Cabochonschliff dar. Dieser verfügt über eine glatte oder leicht gewölbte Basisfläche, die Oberseite des Steins wird halbrund geschliffen und dann poliert. Ein Stein wird dann als Cabochon geschliffen, wenn

- der Stein undurchsichtig oder nur durchscheinend ist,
- man Asterismus (Sterneffekt) oder Chatoyance (Katzenaugeneffekt) gut zur Geltung bringen will oder
- das Schleifmaterial für einen Facettenschliff zu viele Einschlüsse aufweist.

Im gängigen Anlagebereich der Edelsteine spielt der Cabochonschliff außer beim Randgebiet der Sternrubine und -saphire keine Rolle.

Schliffe beim Diamant

Der europäische Diamantschliff entwickelte sich aus der sehr einfachen Methode, die Spitze des natürlichen Diamantoktaeders abzuschneiden und die Flächen zu polieren. So entstand im 15. Jahrhundert der Tafelschliff mit neun bis zehn Facetten. Auf diesen folgte der „Rosenschliff" mit zwölf bis 48 Facetten im 16. Jahrhundert. Ab dem Ende des 17. Jahrhunderts wurde dann der Vorläufer des modernen Brillantschliffs, der Altschliff, entwickelt. Dieser stieg in der Zahl der Facetten an vom Mazarinschliff mit 16 Facetten im 17. Jhdt., hin zum Peruzzischliff mit 32 Facetten im 18. Jhdt, welcher bis Anfang des 20. Jahrhunderts verwendet wurde. Um 1920 wurde er dann langsam vom modernen Brillantschliff abgelöst.

Beim Diamant ist für Steine ab 0,5 Karat Gewicht, also dem Beginn der Anlageklasse, immer der Brillantschliff zu empfehlen; er ist am leichtesten zu verkaufen und wird auch am liebsten zu Schmuck verarbeitet. Damit existiert immer eine Nachfrage nach Diamant mit dieser Schliffform. Für größere und große Diamanten ist auch der Smaragdschliff sehr beliebt, da ab einer gewissen Größe (zehn Karat und mehr) der Brillant aufgrund seiner Schliffhöhe nicht mehr angenehm als Schmuck zu tragen ist.

Alle anderen Schliffe sind beim Diamant schön anzusehen und auch gut zu Schmuck zu verarbeiten, werden aber i m m e r mit einem Abschlag gegenüber dem Brillantschliff gehandelt. Nehmen wir an, Sie kaufen einen Diamantgleicher Größe und gleicher Einschluss- und Farbqualität, also zum Beispiel ein Karat H/SI1. Dann wird ein Brillantschliff immer um rund 25 bis 35 Prozent teurer sein, als ein Stein gleicher Qualität zum Beispiel im Ovalschliff. Das

Gleiche gilt selbstverständlich auch, wenn Sie diesen Stein wieder verkaufen möchten.

Das heißt nicht, dass die anderen Schliffformen schlecht sind, nur muss jede andere Schliffform als der Brillant im Preis abgebildet werden. Die Ausnahme bilden sehr große Steine ab einem Gewicht von zehn Karat, hier nimmt der Preisunterschied mit zunehmender Größe sehr stark ab.

Eine Ausnahme bilden beim Diamant die Fancy Diamonds oder Farbdiamanten. Hier akzeptiert man jede Schliffform, die die Farbe des Steins sowie sein Feuer gut zur Geltung bringt.

Schliffe bei Farbedelsteinen

Es soll hier auf die drei wichtigsten Farbedelsteine, Rubin, Saphir und Smaragd, eingegangen werden. Einige Schliffformen werden stärker mit einem der drei Steine in Verbindung gebracht als andere und erzielen damit auf dem Markt auch höhere Preise.

Rubin: Im Anlagebereich ist man mit dem Ovalschliff am besten beraten. Sehr selten, beliebt und teilweise auch mit Aufschlägen von zehn bis 20 Prozent beim Preis belegt, ist ein Rundschliff, sofern er sehr gut gemacht ist und die Brillanz des Rubins groß genug ist, so dass er auch Sinn macht. Ein Smaragdschliff ist beim Rubin bei einer Gewichtsklasse von über rund 1,5 Karat sehr selten, ein Kissenschliff in Ordnung. Alle anderen Schliffe (z. B. Herz- oder Marquiseschliff) haben im Anlagebereich keine Bedeutung, sehr wohl aber in der Schmuckverarbeitung.

Saphir: Der gefragteste Schliff beim blauen, gelben und rosa Saphir ist ebenfalls der Ovalschliff, gefolgt bei großen Steinen vom Smaragdschliff. Alle anderen Schliffe haben im Anlagebereich wenig Bedeutung.

Smaragd: Wie es der Name schon sagt und aufgrund der Bruchmöglichkeit von spitzen Kanten erwartet man beim Smaragd den Smaragdschliff. Er wird gefolgt vom Ovalschliff, der ebenfalls häufig zur Anwendung kommt.

Investmenttipp: Machen Sie es sich selbst leicht für einen möglichen Wiederverkauf und erstehen Sie nur Steine mit den jeweils zugeordneten Schliffformen.

Der Kauf von Edelsteinen und Schmuck

Im Jahr 1993 beschrieb Yasukazo Suwa in seinem Standardwerk „Gemstones – Quality and Value“ eine Pyramide der Edel- und Schmucksteine:

- Danach sind 60 Prozent aller Steine auf dem Weltmarkt „Accessory Quality“. Darunter versteht man Steine, die man zu Kugelketten verarbeitet, an Lederbänder hängt, zu Donuts verschleift etc. Der Fachmann sagt dazu: „Es sind Steine, die nicht einzeln für sich stehen können.“
- 37 Prozent der Edelsteine auf dem Markt seien „Jewelry Quality“: Edelsteine, die andere, größere Einzelsteine begleiten können, indem sie zum Beispiel um einen Solitär herumgruppiert werden. Dies könnten gebrannte 0,3-Karat-Rubine sein, die rund um einen Ein-Karat-Diamant gesetzt und gefasst werden. Unter diese Kategorie fallen auch alle gebrannten Steine bzw. auch jene, die rissgefüllt oder diffussionsbehandelt sind.
- Nach Yakuzo Suwas mehr als 40-jähriger Erfahrung können nur drei Prozent aller Edelsteine als „Gem Quality“ gelten – das sind jene Steine, die für sich stehen können, die Freude machen, alleine betrachtet zu werden, und die auf Auktionen auch ohne Beiwerk gute bis ausgezeichnete Ergebnisse erzielen. In diesen Bereich gehören die unbehandelten Edelsteine guter bis ausgezeichneter Qualität bei Rubin, Saphir und Smaragd mit einem Gewicht von einem Karat aufwärts.

Nun, im Jahr 2017, hat sich diese Pyramide nach Expertenmeinung noch weiter zugespitzt:

- rund 90 Prozent der Steine sind heute der „Accessory Quality“ oder „Zubehörqualität“ zuzurechnen,
- rund acht Prozent der „Jewelry Quality“ und
- nur noch zwei Prozent der „Gem Quality“.

Die Gründe für diese Zuspitzung:

- weniger Ausbeute in den Minen bzw. geschlossene Minen,
- ein riesiges Gebiet von „verbessertem“ Material – es sind nicht mehr genügend Edelsteine natürlichen Ursprungs da, um die Nachfrage auf-

strebender Volkswirtschaften wie Russland, China oder Indien zu decken,

- ein Großteil der Topedelsteine wird von professionellen Sammlern aufgekauft, sobald sie auf den Markt kommen.

Für jene Menschen, die an einer Geldanlage in Edelsteinen interessiert sind, ergibt sich daraus ein einfacher Grundsatz: Kauf die beste Qualität, die du dir leisten kannst, und kaufe nur unbehandeltes Material!

Suwa hat auch Multiplikationsfaktoren für Edelsteine berechnet, die heute noch weitgehend ihre Gültigkeit haben. Hier ein Beispiel für Rubin:

Karat	Gem Quality	Jewelry Quality	Accessory Quality
3	45	15	1,5
1	3	1	0,1
0,5	0,6	0,2	0,05

Diese Tabelle ist wie folgt zu lesen: Wir beginnen in der Mitte, bei der „Jewelry Quality“ und einem Karat Gewicht: Dieser Stein ist hitzebehandelt, von guter, mittlerer Qualität. Wenn dieser Stein 800 Euro pro Karat kostet, dann kostet er unbehandelt mit dem Gewicht von einem Karat das Dreifache, also 2.400 Euro. Hat dieser Stein „Accessory Quality“ mit einem Gewicht von einem Karat, dann kostet er 80 Euro. Ist der Stein aber „Gem Quality“, also unbehandelt und guter bis sehr guter Qualität und hat ein Gewicht von drei Karat, dann hat er einen Preis von 36.000 Euro. Diese Relationen stimmen auch heute noch, ausgenommen sind die Sonderqualitäten wie „Taubenblut“ beim Rubin, hier kann es ohne Weiteres zu einem Faktor von 100 bis 200 kommen, oder „royal blue“ beim Saphir, wo der Faktor rund 50 bis 60 sein kann. Aus Erfahrung kann gesagt werden, dass die Spitzenqualität auch viel besser den Preis hält als eine niedrige Qualität.

Es gibt im Edelsteinhandel einen Grundsatz: Es gibt kein Billigangebot! Es gibt günstige Steine, aber niemals billige. Wenn Ihnen auf der Straße in Jaipur oder in Bangkok jemand nachläuft mit einer Handvoll „Edelsteinen“ und dabei ruft: „Cheaper, much cheaper than in Europe“, dann ist davon auszugehen, dass die Steine nicht einmal behandelt, sondern ganz einfach falsch und/oder synthetisch sind. Selbst der Händler, der Ihnen nachläuft, kann gar nicht wissen, ob die Steine, die er verkauft, echt sind, da ihm dafür das Wissen und die Ausbildung fehlen. Wenn jemand einen fünf Karat schweren „Taubenblut-Ru-

Gelber Saphir, rund 8 ct., Sri Lanka, Naturfarbe

Foto: Peter Schmidt

Ein Wort der Vorsicht

Es gibt Edelsteine, die typisch für eine bestimmte Region sind und daher dort auch besonders geschätzt werden. Beispiele dafür sind und waren Saphire aus Montana in den USA, die berühmten rosa-farbenen Diamanten aus der „Argyle"-Mine in Australien, die Edelopale aus Coober Pedy in Australien, die Smaragde aus dem Habachtal in Österreich . . . die Liste ließe sich noch lange fortsetzen. Eines hat die Liebhaberei der regionalen Herkunft gemeinsam: Zumeist werden die Steine lokal zu weitaus höheren Preisen als auf dem Weltmarkt angeboten. Ein Beispiel: Es mag vorkommen, dass ein „Montana-Saphir" mit einem Gewicht von zwei Karat und hoher Qualität in Montana rund 10.000 US-Dollar für den gesamten Stein kostet, der Weltmarktpreis aber „nur" 2.000 US-Dollar ist. Daher, wenn kein Preisvergleich möglich ist: Zurückhaltung beim Kauf im Urlaub oder auf der Geschäftsreise, außer man ist sich der Möglichkeit hoher Preise bewusst und möchte einfach ein Erinnerungsstück mit nach Hause nehmen.

bin" für 1.000 Euro anbietet – warum sollte er diesen nicht für 500.000 Euro an einen anderen Händler verkaufen?

Selbst wenn man es schafft, bis ins Minengebiet, zum Beispiel nach Mogok in Burma, vorzudringen, ist nicht gewährleistet, dass der Stein, der ist, für den er ausgegeben wird. Selbst unter die Rubinrohsteine werden rote Spinelle gemischt (und damit hätte man noch Glück gehabt) oder es werden Synthesen, die künstlich abgerollt wurden, um sie wie Steine aus dem Flussbett erscheinen zu lassen, gemischt.

Die Preise von Edelsteinen

Spricht man über den Preis von Edelsteinen, sind Diamanten von den anderen Farbedelsteinen zu unterscheiden. Diamanten stellen ein weitgehend standar-

Ein erfahrener Rohsteinhändler im Bereich Opal aus Idar-Oberstein erzählte dem Autor einmal, dass er regelmäßig rohe Opale in Brasilien kaufen würde. Er hatte die Erfahrung gemacht, dass selbst Rohsteine minderer, rissiger Qualität aus Äthiopien (nicht alle Opale aus Äthiopien sind rissig!) dem Lot beigemischt wurden, um den Profit des Verkäufers zu erhöhen.

disiertes Produkt dar, während jeder Farbedelstein seinen eigenen Charakter besitzt. Aus diesen Gründen ist die Preisfeststellung unterschiedlich.

Gleich ein Wort zur Einschätzung des Werts von Edelsteinen: Schätzmeister oder Gutachter sind nach internationalem Handelsgebrauch dazu aufgerufen, Unsicherheiten aus dem Leben zu räumen und daher notfalls auch einen Stein tiefer einzuschätzen. Was ist damit gemeint? Wird ein „einfaches" Zertifikat vom Besitzer vorgelegt, wird der Stein einen geringeren Wert haben, als mit einem Zertifikat eines sehr renommierten Labors. Ist bei einem Stein nicht sicher, ob er zum Beispiel aus Burma kommt, wird man im Zweifelsfall „ohne Fundort" zertifizieren, was dem Wert des Steins wieder abträglich ist. Hat ein Diamant, der sonst lupenrein ist, an der Rondiste leichte Absplitterungen vom Tragen, wird man den Stein in seiner Reinheitsbeurteilung nach unten setzen, etc.

Preise von Diamanten

Der Preis von Diamanten wird noch immer durch das Kartell von De Beers, der Central Selling Organization (CSO), mitbestimmt. Gleichzeitig hat sich im Diamanthandel eine Großhandelspreisliste, die „Rapaport"-Liste, als Richtlinie für den Einkauf durch Juweliere und Händler etabliert.

Diese Liste gibt wöchentlich eine Richtlinie für den Einkauf von Diamanten aller Größen, Schliffe und Farben (nur weiße Diamanten, keine Farbdiamanten), immer in bester Schliffqualität. Die Liste gibt einen Preisüberblick, immer in 100-Dollar-Schritten (oder in Rupien in Indien, dies sind die einzigen beiden Währungen, die verwendet werden), gestaffelt nach den Größen und Qualitäten.

Welchen Aufschlag ein Edelsteinhändler oder Juwelier auf diese Liste verlangt, bleibt aber ihm überlassen. Grundsätzlich wird ein Juwelier einen größeren Aufschlag benötigen als ein Edelsteinhändler ohne Straßenlokal, da er hohe Fixkosten zu bewältigen hat.

Auch Auktionshäuser verwenden diese Liste bei der Einbringung von Diamanten zur Versteigerung, um einen Anhaltspunkt für Schätz- und Ausrufpreis zu haben. Die Liste selbst ist vertraulich und darf nicht von Händlern an Endkunden weitergegeben werden, dies ist eine der Bedingungen für die Mitgliedschaft eines Händlers bei Rapaport.

Es folgt ein Preisüberblick für Diamanten im Brillantschliff, in zwei Größen, als 0,5-Karat- und als Ein-Karat-Stein, einmal in feinster Investmentqualität und einmal in guter Juwelierqualität.

Wichtig: Diese Preise beziehen sich auf Diamanten mit 3x exzellentem Schliff, also Schliff, Politur und Symmetrie sind jeweils „exzellent". Weiter beziehen sich die Preisangaben auf Steine, die jeweils über der unteren Größenschwelle wiegen. Was bedeutet das? Ein „Halbkaräter", der nur 0,48 Karat wiegt, hat einen sehr großen Preisabschlag (bei D/IF und einem halben Karat sind es minus 50 Prozent zu einem Stein mit zum Beispiel 0,51 Karat!!!), ein Stein, der 0,50 Karat genau wiegt, hat noch immer einen relativen Preisabschlag von drei bis fünf Prozent gegenüber einem Stein, der 0,51 Karat wiegt. Alle genannten Preise beziehen sich auch auf Steine, die keine Floureszenz („no flourescence") aufweisen, jeder ansteigende Grad von Floureszenz, der im Zertifikat beschrieben wird, reduziert den Preis um etwa fünf Prozent pro Stufe.

Ein Bewertungsbeispiel für einen Diamanten im Brillantschliff, Gewicht 1,00 Karat, Farbe D, Reinheit IF, Schliffqualität 2x „good" und einmal „very, good", Floureszenz „faint" und das Zertifikat stammt von einem Labor, das nicht so hoch angesehen ist wie die GIA.

Nehmen wir an, es würde für den Stein bei Besteigenschaften ein Preis pro Karat von 20.000 Euro gelten. Dann würde ein Schätzer bzw. Einkäufer wie folgt vorgehen:

Diamant im Brillantschliff, 1,00 Karat, D/IF	20.000 Euro/ct.
Abschlag für 1,00 (Steine mit exakt 1,00 Karat werden schlechter bewertet als jene z. B. mit 1,01 Karat Gewicht)	- 3%
Abschlag für Schliff 2x „good" und 1x „very good"	-14%
Abschlag für Floureszenz „faint"	-3%
Abschlag für anderes Zertifikat als GIA	-7%
Summe der Abschläge in Prozentpunkten	-27%
Angebotener Preis:	**14.600 Euro/ct.**

Die Ernüchterung des Kunden wäre groß, hatte er doch gedacht einen „lupenreinen Einkaräter höchster Qualität" zu besitzen. Die Lösung ist: Kaufen Sie nur Steine, die von Vornherein den Qualitätsansprüchen wie beschrieben entsprechen.

Daher beziehen sich die Preise bei „Halbkarätern" auf Steine mit 0,51–0,55 Karat und bei „Einkarätern" auf Steine die 1,01–1,05 Karat wiegen. Außerdem beziehen sie sich auf Steine, mit einem Zertifikat des „Gemmological Institute of America (GIA)"; würde zum Beispiel ein Zertifikat des „International Gemmological Institute (IGI)“ vorliegen, wäre der Preis pro Karat um fünf bis sieben Prozent niedriger. Das wird zwar kein Händler gerne mitteilen, es wird jedoch in der Branche gehandhabt, da IGI in der Bewertung als etwas „weicher“ gilt als GIA.

Dann beziehen sich die Preise immer auf ein Karat, würde also der Preis pro Karat 3.000 Euro sein und man hat einen Stein mit einem Gewicht von 0,51 Karat vorliegen, dann ist der Preis/Karat mit dem Steingewicht zu multiplizieren, der Preis für unseren Beispielstein würde also 1.530 Euro betragen.

Zuletzt: Die genannten Einzelhandelspreise beinhalten die österreichische Umsatz- oder Mehrwertsteuer von 20 Prozent und geben eine Spannweite von Preisen, bei unterschiedlichen Händlern wider. Die zu erwartenden Auktionsergebnisse werden am unteren Rand der jeweiligen Bandbreite liegen. Die Preise sind berechnet unter Verwendung eines Wechselkurses von 1 Euro=1,1 US-Dollar und von Diamantpreisen von Mai 2017, ohne Gewähr.

Noch eine wichtige Anmerkung: Diese Preise beziehen sich auf „sauber“ gehandelte, „konfliktfreie“ Ware.

Farbe und Reinheit	0,51–0,55 ct. Preis pro ct. in Euro inkl. USt.	1,01–1,05 ct. Preis pro ct. in Euro inkl. USt.
D/IF	6.500–12.000	16.000–24.000
H/SI1	3.300–7.000	6.000–10.000

Preise von Farbedelsteinen

Der Markt für Farbedelsteine ist einer der wenigen „freien Märkte“, wie man sie aus der Volkswirtschaftslehre kennt. Der Preis wird von Angebot und Nachfrage festgelegt, es gibt keine Monopole und nur wenige Oligopole[12].

Auch auf dem Markt für Farbedelsteine versucht man, Systeme zu etablieren, die Preisvergleiche ermöglichen. Dem steht erschwerend gegenüber, dass Farbedelsteine viel weniger einheitlich als Diamanten sind (riesige Zahl von Farbnuancen, Einschlüssen, Schliffformen, Naturfarben und unbehandelt oder erhitzt oder erhitzt und behandelt, das Gewicht des Steins, die Herkunft . . .).

Dennoch existieren derzeit zwei Systeme auf dem Markt, die Preise für Edelsteine erheben bzw. ihre Preisverläufe nachzuzeichnen versuchen: „Gemguide“ und „Gemval“. Das erste System, Gemguide, ist das etwas komplexere

12) Von einem Oligopol spricht man, wenn ein Anbieter oder eine Nachfrage auf einem Markt groß genug ist, um den Marktpreis zu beeinflussen. Üblicherweise nimmt man ein Oligopol als gegeben an, wenn es nur 2–15 Anbieter oder Nachfrager in einem Markt gibt

Gelber Saphir von zehn Karat, Naturfarbe, Sri Lanka, gefasst als Ring mit Diamanten, der über zwei Finger geht, es wurde ein Scharnier eingebaut, damit die Finger beim Tragen beweglich bleiben; gefasst in 750 Weiß- und Gelbgold

Ausführung des Rings und Foto: Edwin Surin

und richtet sich vor allem an den Großhandel und an Edelsteinhändler und Juweliere. Es wird unter anderem von Sachverständigen in Deutschland dazu herangezogen, Edelsteinschmuck zu schätzen. Die von Gemguide ausgegebenen Preise sind dementsprechend Großhandelspreise. Gemval dagegen berechnet Einzelhandelspreise.

Gemguide

Diese US-amerikanische Übersicht arbeitet für die meisten Farbedelsteine mit zehn Einteilungen, reichend von „very low commercial" bis zu „upper extra fine" und differenziert noch bei einigen Steinen (wie Rubin aus Burma) zwischen „treated“ und „untreated“, wobei aber nicht mehr nach einzelnen Behandlungen unterschieden wird; auch andere Herkunft als Burma beim Rubin wird nicht weiter einbezogen. Dazu werden für jeden Stein „Korrekturfaktoren“ angegeben, wie zum Beispiel Zu- und Abschläge bei Schliffformen oder Abschläge für die Schliffqualität oder für Einschlüsse.

Die angegebenen Preise im Gemguide sind Großhandelspreise per Karat in US-Dollar, exklusive Umsatzsteuer.

Es gibt den „Gemguide“ nicht nur im Internet, sondern auch als gedrucktes Exemplar mit verschiedenen Farbdarstellungen des jeweiligen Edelsteins, auf welche der Händler den Stein legen kann. Vorsicht hierbei: die Farben des gedruckten Exemplars bleichen aus bzw. werden durch Wassereinwirkung fleckig, also immer darauf achten, dass ein „frisches“ Exemplar des Katalogs verwendet wird.

Gemval

Hier haben wir es mit einem Preisindikator für Einzelhandelspreise zu tun, der über Mitgliedschaft im Internet arbeitet. Es werden Farbgrade bei den einzelnen Edelsteinen unterschieden, auch gibt es Zu- und Abschläge für Schliffe,

Größenvergleich: beide Diamanten im Brillantschliff, links mit einem Gewicht von 0,51 ct. (Durchmesser 5,2 mm), rechts mit einem Gewicht von 1,05 Karat. (Durchmesser 6,5 mm)

Fotos: Peter Schmidt

Reinheit und Schliffqualität. Weiter unterscheidet Gemval bei einigen Edelsteinen zwischen behandelten und unbehandelten Steinen.

Interessant ist hier der Preisverlauf über zumeist zwölf Jahre, der auch in Grafikform angeboten wird.

Preis von Rubin

Was bestimmt den Preis von Rubin im Handel? Hier die wichtigsten Faktoren:

- Gewicht des Steins
- Farbe und Intensität der Farbe
- Reinheit
- Behandlung oder Unbehandeltheit
- Herkunft
- Zertifikat
- Schliffform

Preisbeispiele

Annahme: Rubin im Ovalschliff, gute Schliffqualität, vorliegendes gutes Zertifikat, feine, klare Qualität, keine Behandlung, alle angegebenen Preise Einzelhandelspreise beim Juwelier pro Karat, inklusive Umsatzsteuer, in Euro:

Gewicht	Herkunft Burma	Herkunft Ostafrika[16]
ein Karat	12.000	9.000
zwei Karat	20.000	15.000
drei Karat	50.000	20.000
fünf Karat	100.000	40.000

Quelle: Gemguide, eigene Berechnung und eigene Darstellung

Ist ein Stein hitzebehandelt, sind von den Preisen rund 30 Prozent abzuziehen, bei den Steinen mit einem Gewicht von fünf Karat sind es rund 50 Prozent. Hat der Stein auch Rissfüllungen werden noch einmal 20 Prozentpunkte abgezogen.

Preis von Saphir

Die Einflussfaktoren auf den Preis sind beim Saphir die gleichen wie beim Rubin, nur spielt die Herkunft mit der Abfolge von am teuersten bis zu am günstigsten zu bezahlen eine noch wichtigere Rolle als beim Rubin. Die Abfolge lautet: Kaschmir, Burma, Sri Lanka, Madagaskar, Australien. Eine wichtige Anmerkung dazu: Das bedeutet nicht, dass ein hässlicher Saphir aus dem Kaschmir-Gebiet automatisch teurer ist als ein schönerer aus Madagaskar. Diese Reihenfolge gilt bei Gleichheit des Aussehens und der Eigenschaften des Saphirs.

Preisbeispiele

Annahme: Saphir im Ovalschliff, gute Schliffqualität, vorliegendes gutes Zertifikat, feine, klare Qualität, keine Behandlung, alle angegebenen Preise Einzelhandelspreise beim Juwelier pro Karat, inklusive Umsatzsteuer, in Euro.

Gewicht	Herkunft Burma[17]	Herkunft Sri Lanka [17]
ein Karat	5.000	3.500
zwei Karat	8.000	5.000
drei Karat	12.000	8.000
fünf Karat	18.000	12.500

Quelle: Gemguide, eigene Berechnung und eigene Darstellung

16) Rubine aus Mozambique (größter Anbieter), Kenia und Tansania; in diese Preisklasse sind auch die Steine aus Sri Lanka zu rechnen.

17) Preisangaben für Saphire aus dem Kaschmir-Gebiet macht keinen Sinn, da diese auf dem Markt in keiner Menge verfügbar sind. Auch Saphire aus Burma, besonders in großen Gewichtsklassen, sind inzwischen sehr selten geworden.

18) Sri Lanka meint hier sowohl Steine aus Sri Lanka als auch aus Madagaskar.

Ist ein Stein hitzebehandelt, sind von den obigen Preisen rund 30 Prozent abzuziehen, bei den Steinen mit einem Gewicht von fünf Karat sind es rund 40 Prozent. Hat der Stein zusätzlich Rissfüllungen werden noch einmal 20 Prozentpunkte abgezogen.

Preis von Smaragd

Auch beim Smaragd gilt die gleiche Abfolge wie beim Rubin, hier mit einer Ausnahme: Es gibt fast keine Smaragde auf dem Markt, die nicht behandelt sind. Die Behandlung hier ist jedoch nicht wie beim Rubin oder Saphir eine Hitzebehandlung, sondern fast immer ein Auffüllen der inneren Risse des Steins, um die Durchsichtigkeit des Smaragds zu verbessern.

Da man weiß, dass fast alle Smaragde solche Füllungen (von Zedernholzöl bis Kunststoffen) aufweisen, ist bei diesem Edelstein das Ausmaß der Füllungen extrem wichtig; dieses wird auch zumeist im Zertifikat angegeben und ist besonders bei großen Steinen Wert bestimmend.

Weil bekannt ist, dass fast alle Smaragde „geölt“ sind, geht man hier von einem Füllmaterialstand von „moderate“ aus, dies ergibt den regulären Preis. Enthält ein Smaragd nun weniger Öl oder Kunststoff als „moderate“, so steigt sein Preis bei feiner Qualität, Ölung „minor“ und einem Gewicht von einem bis vier Karat um zehn bis 30 Prozent, bei über vier Karat sogar um 20 bis 50 Prozent. Ist der Anteil des Füllmaterials „insignificant“, verdoppeln sich die Preise, bei „non“, also keiner Behandlung, verdrei- bis vervierfachen sie sich, je nach Größe und Feinheit des Steins.

Preisbeispiele

Annahme: Smaragd im Smaragdschliff, gute Schliffqualität, vorliegendes gutes Zertifikat, feine, klare Qualität, Ölung „moderate“, alle angegebenen Preise Einzelhandelspreise beim Juwelier pro Karat, inklusive Umsatzsteuer, in Euro:

Gewicht	Herkunft Kolumbien	Herkunft Afrika
ein Karat	5.000	4.000
zwei Karat	6.000	5.000
drei Karat	10.000	8.000
fünf Karat	12.000	12.000

Quelle: Gemguide, eigene Berechnung und eigene Darstellung

Diese Preise gelten für eine Behandlungsgrad „moderate“, liegen „minor“, „insignificant“ oder „non“ vor, kommen die oben beschriebenen Zuschläge auf die Preise in der Tabelle zur Anwendung.

Der Kauf im Internet

Wie sieht es mit dem Kauf im Internet aus? Grundsätzlich hat sich die Situation gegenüber den Anfangsjahren des Internets stark gebessert. Es gibt inzwischen viele seriöse Anbieter. Wichtige Punkte, die zu prüfen sind:

- Werden mehrere Fotos des Steins gezeigt?
- Macht der Verkäufer Angaben, wo der Stein gefördert wurde?
- Gibt er an, ob und wie der Stein behandelt wurde?
- Gibt es nur ein Zertifikat des Verkäufers oder liegt ein internationales vor?
- Wie lange ist der Edelsteinhändler schon im Geschäft?
- Das ganz Wichtige zum Schluss: Bietet der Verkäufer eine Rücknahmegarantie?

Eine Bekannte des Autors kehrte einmal glücksstrahlend aus Jaipur in Indien zurück, freudig, dass sie eine Handvoll „Edelsteine" um nur 15.000 Euro gekauft habe, obwohl diese doch im Fachhandel viel mehr wert wären. Die Freude war eine Kurze: Nach Untersuchung in einem Edelsteinlabor stellte sich heraus, dass alle (!) Steine Synthesen oder Unterschiebungen waren. Der Gesamtwert: 30 Euro.

Der letzte Punkt, die Rückgabegarantie, behandelt weniger die Frage, ob man es mit einem ehrlichen Händler zu tun hat, sondern den Punkt, wie der Stein in Realität erscheint. Rubine mit Floureszenz leuchten mehr bei gelblichem Licht (5.600 Kelvin), Saphire mehr bei Tageslicht (6.500 Kelvin), daher kann mit der richtigen Beleuchtung beim Fotografieren das Erscheinungsbild des Steins stark beeinflusst werden (Bildbearbeitung gar nicht eingerechnet). Um eine Enttäuschung zu vermeiden, ist die mögliche Option der Rückgabe ein wichtiger Punkt. Selbst Fachleute, die „vom Bild" kaufen müssen, weil vielleicht die Zeit drängt oder man nicht für einen Stein nach Kolumbien oder Burma fliegen möchte, lassen sich den Stein in unterschiedlichem Licht und dann noch einmal in einem oder mehreren Videos zeigen. Dieser Kauf wird nur dann vonstatten gehen, wenn sich Käufer und Verkäufer kennen und sich soweit vertrauen, dass, wenn ein falscher Eindruck des Steins entstanden ist, dieser retourniert werden kann.

Ohrstecker mit Tansanit und Brillanten, gefasst in 750 Weißgold

Ausführung der Ohrstecker und Foto: Edwin Surin

Ein Kauf in einem Auktionshaus ist eine wichtige Möglichkeit, es gilt vieles, das zum Internet-Kauf gesagt wurde:

- Werden mehrere Fotos des Steins im Auktionskatalog oder auf der Auktionsplattform gezeigt?
- Macht das Auktionshaus eine Angabe, wo der Stein gefördert wurde?
- Gibt es an, ob und wie der Stein behandelt wurde? Grundsätzlich muss auch bei internationalen Auktionshäusern davon ausgegangen werden, dass der Edelstein behandelt wurde. Ausnahme: Die Angabe „no indication of treatment“[13] oder „no indication of heat treatment“[14].
- Liegt ein internationales Zertifikat vor? Dies wird vor allem dann der Fall sein, wenn der Stein nicht behandelt ist.

13) „kein Anzeichen einer Behandlung“
14) „kein Anzeichen einer Hitzebehandlung“

Zumeist ist in einem Auktionshaus zusätzlich zum Auktionsergebnis das „Aufgeld“ zu zahlen, also die Entlohnung für das auktionierende Unternehmen, dieses liegt zwischen zehn und 25 Prozent des Hammerpreises.

Der klassische Weg, Schmuck oder Edelsteine zu kaufen, führt zum Juwelier. Testen Sie unbedingt, ob der Händler Ihrer Wahl, die Unterschiede von „behandelt“ und „unbehandelt“ bei einem Edelstein kennt, was er unter „Behandlung“ versteht und ob er und sein Personal auch in der Herkunftskunde bewandert sind. Ein Juwelier hat aufgrund seines Geschäftsmodells (hoher Lagerstand, Personal, gute Lage, Sicherheitseinrichtungen, Versicherungen) hohe Fixkosten zu bewältigen. Diese müssen gedeckt werden. Vergleichen Sie daher immer die Preise von Juwelieren mit jenen von Edelsteinhändlern, die sich auf den Verkauf von Edelsteinen zu Anlagezwecken spezialisiert haben.

Neben den Juwelieren haben sich in den letzten Jahren Edelsteinhändler etabliert, die Edelsteine zu Anlagezwecken verkaufen. Diese verfügen zumeist über kein teures Geschäftslokal und liefern einen Teil der Ware nur auf Bestellung. Auch hier lohnt sich der Vergleich unter Berücksichtigung der Faktoren:

- Hat der Stein Naturfarbe und ist er unbehandelt?
- Verfügt der Stein über ein internationales Zertifikat?
- Welchen Fundort hat der Edelstein?

Auch wenn zum Beispiel Rubine schwieriger zu vergleichen sind als Diamanten, ist es durchaus möglich, anhand von Fotos und Verkäuferangaben einen Preisvergleich anzustellen: Eine Beschreibung wie „3,04 Karat Rubin, Burma, augenrein, Naturfarbe, keine Behandlung, Ovalschliff, intensiv rot, SSEF-Zertifikat“ lässt einen Preisvergleich durchaus zu.

Investmenttipp: Sowohl bei den Edelsteinhändlern als auch bei den Juwelieren gilt: Hände weg, wenn Ihnen jemand vorgefertigte „Pakete“ verkaufen will und nicht auf Ihre Wünsche bezüglich der Zusammensetzung Ihres Investments eingehen möchte. Es gibt Händler, die mit „Investmentqualität“ bei Diamanten der Farbe K werben – Hände weg, das sind keine Investmentsteine, diese Diamanten eignen sich in Mitteleuropa aufgrund ihrer Gelbfärbung auch nicht zu Schmuckzwecken und sind unverkäuflich!

Die Wertentwicklung von Edelsteinen

Vorweg: Laut CIBJO darf die Herkunft eines Edelsteins – also ob ein Rubin zum Beispiel aus Burma oder aus Tansania kommt – keinen Einfluss auf seinen Verkaufspreis haben. Die Realität ist eine ganz andere. Nicht nur Einzelhandelspreise, sondern auch Auktionsergebnisse zeigen eindeutig den Einfluss der Herkunft auf den erzielten Preis, in diesem Zusammenhang spricht man auch von den sogenannten „psychologischen Preisfaktoren".

Im Folgenden werden verschiedene Indizes vorgestellt, außerdem wurde eine Auswertung der Versteigerungsergebnisse für natürliche Rubine der Auktionshäuser „Christie's" und „Sotheby's" von 2007 bis Ende 2016 vorgenommen.

Es gibt verschiedene Ansätze, Preisentwicklungen abzubilden:

- Preisindex gemäß „Rapaport"-Liste, betreffend den Händlereinkauf von Diamanten.
- Preisindizes für den Großhandel, also den Händlereinkauf, betreffend Farbedelsteine.
- Preisindizes für den Einzelhandel, also die Verkaufspreise für den Endkunden.
- Ergebnisse von Auktionshäusern.

Preisindex für Diamanten

Für Diamanten liegen aufgrund der Aufzeichnungen der „Rapaport"-Preisliste, welche eine Einkaufspreisliste des Handels darstellt, die längsten Zahlenreihen vor. Alle folgenden Zahlen sind Indexwerte, basierend auf dem Ausgangsjahr 1986.

Jahr	D-IF 0,5 ct.	D-IF 1 ct.	D-IF 3 ct.	D-IF 5 ct.	1 ct. F-VVS2	1ct. H-VS2	1 ct. K-SI2
1986	100	100	100	100	100	100	100
1988	135	111	150	144	118	116	115
1990	144	113	164	155	118	132	135
1992	154	99	155	153	118	148	150
1994	154	97	155	153	120	161	170
1996	156	103	161	156	131	184	175
1998	146	103	163	156	136	187	180
2000	146	106	167	159	149	197	180
2002	144	106	167	159	155	190	170
2004	146	111	176	165	169	200	170
2006	146	113	197	196	175	200	175
2008	158	147	255	348	214	206	185
2010	158	156	332	400	213	206	185
2012	179	178	410	420	216	242	215
2014	163	156	392	403	200	239	220
2016	163	129	324	361	195	232	190
%. geom	**2,50%**	**1,50%**	**6%**	**6,60%**	**3,40%**	**4,20%**	**3,40%**

Die Bandbreite der jährlichen Wertsteigerung liegt zwischen 1,5 Prozent und 6,6 Prozent, wobei lupenreine große Steine der besten Farbe „D" am stärksten gestiegen sind, obwohl auch ein Karat schwere Steine in Schmuckqualität gute Steigerungsraten von 3,4 Prozent bis 4,2 Prozent p. a. erzielten.

Bemerkenswert ist, dass die Preise von Diamanten von der Weltwirtschaftskrise 2008 nicht betroffen waren, dass es sogar zu einem sehr starken Preisanstieg, besonders bei großen Steinen, von 2008 bis 2010 kam. Dies bestärkt die Theorie, dass Diamanten eine Krisenwährung darstellen.

Die folgende Graphik zeigt eine Gegenüberstellung von 2007 bis 2016 in Indexwerten. Verglichen werden der Anstieg der NASDAQ und des Dow Jones mit der Entwicklung der Preise von Gold, Platin und 0,5-Karat-, Ein-Karat-, Drei-Karat- und Fünf-Karat-Diamanten.

Vergleich der Ergebnisentwicklung verschiedener Anlagen, 2007-2016

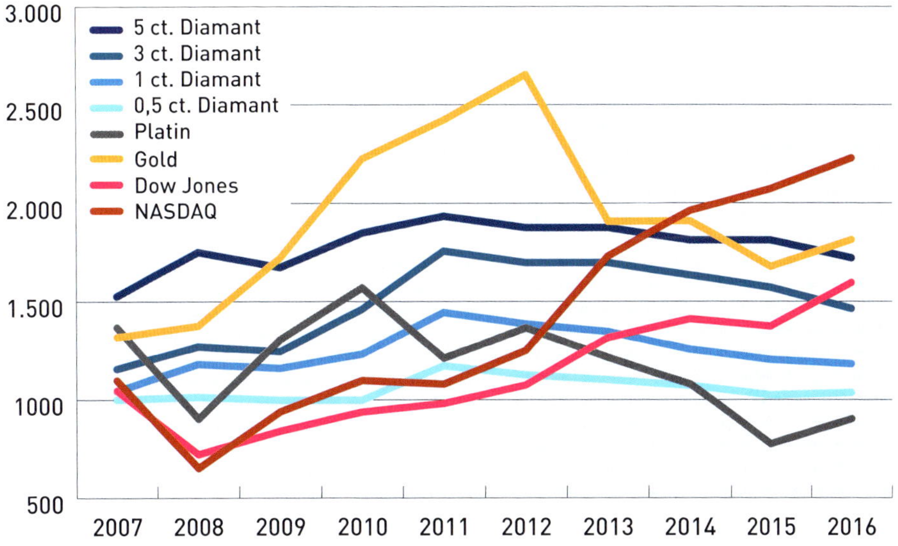

Quelle: Rapaport, www.finanzen.net, eigene Berechnungen, eigene Darstellung

Die Indexwerte der Diamantwerte sind Durchschnittspreise für das jeweilige Gewicht und werden von Rapaport berechnet. Auffällig ist die geringere Schwankungsbreite von Diamanten im Vergleich zu den anderen Anlagen.

Indischer Großhandelsindex für Farbedelsteine

Ein großer Teil des internationalen Farbsteingroßhandels wird heute über Indien abgewickelt. Der unten stehende Preisindex wurde von einer Gruppe indischer Großhändler entwickelt, die sich sowohl auf behandelte als auch unbehandelte Edelsteine spezialisiert hat.

Preisentwicklung von Farbedelsteinen, unbehandelt, Indexwerte 1995–2017

	1995	2000	2005	2010	2015	2017
Rubin, Burma	100	150	225	350	600	700
Rubin, Mozambique				100	300	550
Saphir, Burma	100	125	175	275	475	850
Smaragd	100	125	175	250	425	550
Smaragd, Kolumbien	100	125	175	275	425	600

Quelle: SUKRUP-Gem-Index, 2017, eigene Darstellung

Die auf der vorigen Seite stehenden Werte gehen von einem Index 1995=100 aus und gelten für naturfarbene, unbehandelte Edelsteine, wobei beim Smaragd eine Ölung bis zu „minor" akzeptiert wird. Außerdem beziehen sich die Werte auf feine bis feinste Qualität ab einer Steingröße von einem Karat aufwärts.

Für Rubin aus Mozambique beginnt der Index erst 2010, da diese Fundstätte erst kurz vor 2010 entdeckt wurde. Unter „Smaragd" allgemein ist hier vor allem afrikanischer Smaragd aus Sambia zu verstehen, Smaragd aus Kolumbien hat, genauso wie Rubin aus Burma, eine Sonderstellung aufgrund internationaler Nachfrage inne.

Nach diesem Index stiegen die Einkaufspreise der Händler am stärksten bei Saphir aus Burma, gefolgt von Rubin aus Burma. Insgesamt liegt eine Versieben- bis Verachtfachung der Preise in rund 22 Jahren vor.

Einzelhandelsindex für Farbedelsteine

Seit dem 1. Juli 2005 sammelt ein Unternehmen Edelstein-Einzelhandelspreise, wie sie im Internet verlangt werden und erstellt daraus Zeitreihen für einen Edelsteinkorb, aber auch für einzelne Edelsteine. Es ist eine der wenigen Reihen, die zwischen unbehandelten und behandelten Rubinen und Saphiren sowie nach Fundgebieten unterscheidet.

Anhand eines Basis-Edelsteinkorbs wird die Wertentwicklung des sogenannten „Gemval-Aggregate-Index" berechnet. Dieser Warenkorb besteht aus insgesamt 26 Steinarten (Alexandrit, Amethyst, Aquamarin, Beryll, Chrysoberyll, Zitrin, Demantoid, Smaragd, Hessonit, Iolit, Kunzit, Kyanit, Peridot, Rhodolite, Rubin Burma, Rubin Afrika, Saphir in drei Farben, Spessartin, Spinell, Tansanit, Topas, Turmalin, Tsvorit und Zirkon), in genau festgelegten Größen- und Qualitätsklassen. Der Index zielt damit nicht auf Anlagesteine ab, gibt aber einen guten Überblick über den Gesamtmarkt. Er enthält im Übrigen bei Rubin und Saphir nur hitzebehandelte Steine, keine naturfarbenen.

Hier nun die Preisentwicklung des „Gemval-Aggregate-Index" vom 1. Juli 2005 bis Ende 2016, Ausgangswert ist der 1. Juli 2005 mit einem Indexwert gleich 100:

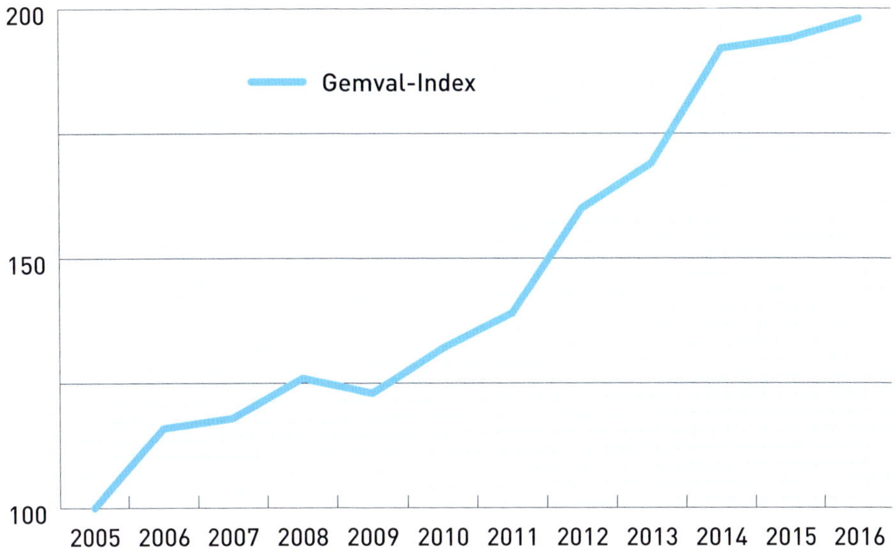

Quelle: www.gemval.com, eigene Darstellung

Insgesamt hat, über alle Edelsteine hinweg gerechnet, seit 2005 eine Verdoppelung der im Internet verlangten Edelsteinpreise stattgefunden. Die Jahre 2008/2009 brachten zwar einen leichten Einbruch bei den Edelsteinpreisen, konnten die Aufwärtsentwicklung aber nicht stoppen.

Stellt man diesen Preisindex dem Anstieg des Dow-Jones-Index gegenüber, ergibt sich folgendes Bild:

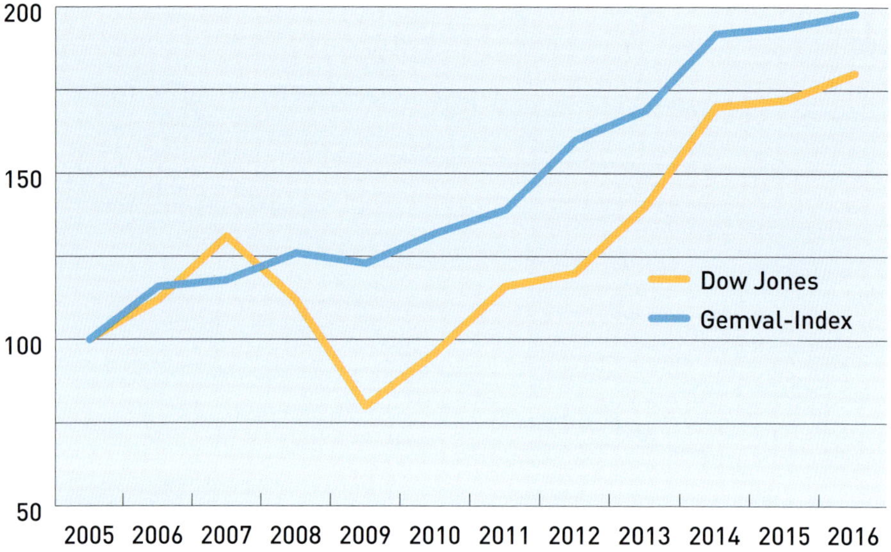

Quelle: www.gemval.com, eigene Darstellung

Wie in der Grafik zu sehen, lag die Wertentwicklung des Edelsteinindex fast immer vor jener des Dow Jones, besonders in der Zeit der Wirtschaftskrise 2008/2009 erwiesen sich die Edelsteine als stabil.

Auf der gegenüberliegenden Seite nun eine Gegenüberstellung der Preisentwicklung der „großen Drei" – also Rubin, Saphir und Smaragd. Für diesen Preisindex ist darauf hinzuweisen, dass das Unternehmen hierbei keine Unterscheidung in behandelt und unbehandelt bei Rubin und Saphir, keine Unterscheidung hinsichtlich der Stärke der Ölbehandlung beim Smaragd und keine Unterscheidung hinsichtlich der Herkunft aller drei Edelsteine trifft. Für feine, unbehandelte Qualitäten ist daher mit stärkeren Preisanstiegen zu rechnen.

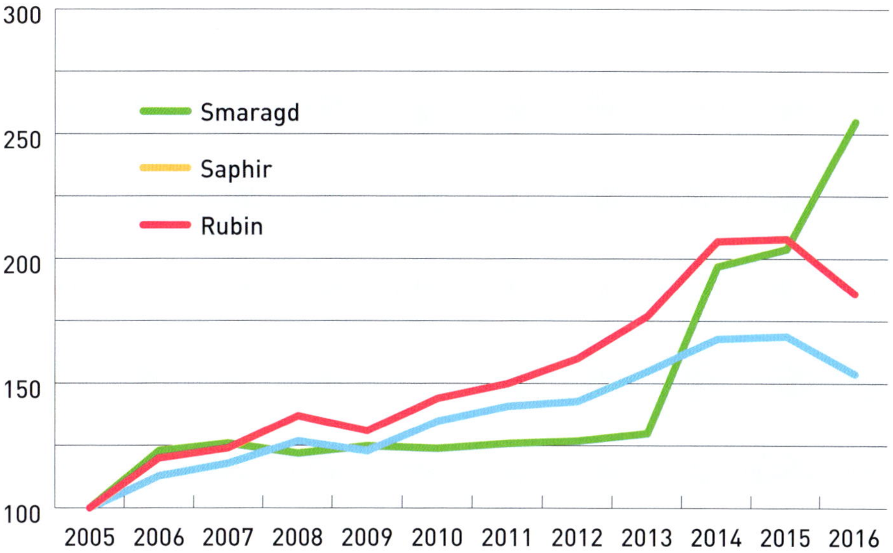

Quelle: www.gemval.com, eigene Berechnung, eigene Darstellung

Gemäß der Daten von Gemval stiegen die Preise von Smaragd lange Zeit nur sehr langsam an, um ab 2013 extrem stark zu steigen, während die Preise für Rubin und Saphir stetig stiegen, um dann 2016 einen leichten Einbruch zu erleiden.

Auswertung von Auktionsergebnissen von Rubinen

In die folgende Darstellung wurden nur Ergebnisse der Auktionen der genannten Versteigerer aufgenommen, wenn bei den Rubinen folgende Angaben im jeweiligen Auktionskatalog vorlagen:

- Gewicht in Karat.
- Die dezidierte Angabe, dass es sich um einen nicht behandelten Stein handelte.
- Vorliegen des Zertifikats eines internationalen Gemmologielabors.

Folgende Steine wurden nicht aufgenommen bzw. wurden folgende Dinge bei Schmuck nicht beachtet:

- Behandelte Rubine.
- Rubinreihen, die zu Schmuck gefasst waren und für die es keine Angaben zu den einzelnen Steinen gab.

- Die Fassungen, das Gold und die am Rande des Rubins verwendeten anderen Edelsteine, zum Beispiel Diamanten, flossen nicht in die Betrachtung ein, da auch die Auktionshäuser diese bei kleinem Diamant- bzw. Goldgewicht außen vor lassen.
- Rubine im Cabochonschliff wurden nicht berücksichtigt, da für diese andere, niedrigere Preise gelten.
- Jene Rubine, die in Schmuck gefasst waren und bei denen die „Beisteine“, also zum Beispiel Diamanten, so groß waren, dass ihr Wertanteil übermäßig hoch gegenüber dem Rubin war und so der Wert des Rubins im Schmuck nur einen kleinen Anteil hatte.
- Jener Schmuck bzw. jene Rubin,e für die das jeweilige Auktionshaus nicht in der Lage war, nähere Angaben zum Stein zu machen.

Insgesamt wurden von Christie's und Sotheby's folgende Rubine, die den vorher genannten Kriterien entsprachen, in den Jahren 2007–2016 an allen Standorten weltweit versteigert:

Anzahl der Rubine	1.509
gesamtes Gewicht in Karat	5.147
davon Anzahl „Taubenblut“	241
davon Gewicht „Taubenblut“ in Karat	704
Durchschnittsgewicht aller Rubine pro Stein	3,41 Karat
Gesamtwert der versteigerten Rubine in US-Dollar	374,4 Mio.
Gesamtwert der versteigerten Rubine mit Prädikat „Taubenblut“ in US-Dollar	173,7 Mio.
Gesamtwert der versteigerten Rubine, ohne „Taubenblut“ in US-Dollar	200,7 Mio.
Durchschnittswert aller Rubine pro Karat, in USD	72.741
Durchschnittswert pro Karat, in USD, „Taubenblut“	246.733
Durchschnittswert pro Karat, in USD, nicht „Taubenblut“	45.172

Quelle: Christie's und Sotheby's, eigene Auswertung, eigene Darstellung

Ein Wort zum Prädikat „Taubenblut“: Bei allen Laboren außer Gübelin und SSEF bezeichnet dieses Wort eine schöne, intensive rote Farbe. Bei den beiden genannten Laboren bezeichnet „Taubenblut“ neben der Farbe auch andere Qualitätsmerkmale, wie Reinheit, Schliffqualität und Unbehandeltheit des Steins. Daher ist mit dem Begriff mit Vorsicht umzugehen, da man sich international noch nicht einigen konnte, was er wirklich bedeuten soll. Auf jeden

Fall ist die Bezeichnung stark Wert erhöhend. Die Empfehlung aufgrund der Unsicherheit ist, außer im allerhöchsten Wertbereich, auf Steine mit dieser Bezeichnung zu verzichten und auf Rubine hoher Qualität ohne „Taubenblut" auszuweichen. Außerdem wird die Darstellung der Steine mit dem Prädikat „Taubenblut" dadurch verzerrt, dass es sich bei den Versteigerungen hier oft um große, sehr teure Rubine handelte.

Faszinierend ist die Wertkonzentration aller Rubine: 5.147 Karat entsprechen rund einem Kilogramm Gesamtgewicht, bei einem Wert von rund 374,4 Mio. US-Dollar.

Saphir, 6,16 Karat, Madagaskar, Naturfarbe; in der Mitte des Steins sind sehr schön die Wuchsstreifen des Kristalls zu sehen

Foto: Peter Schmidt

Hier nun eine Darstellung der Entwicklung der Auktionsergebnisse pro Karat, als Indexwert, von 2007 bis inklusive 2016:

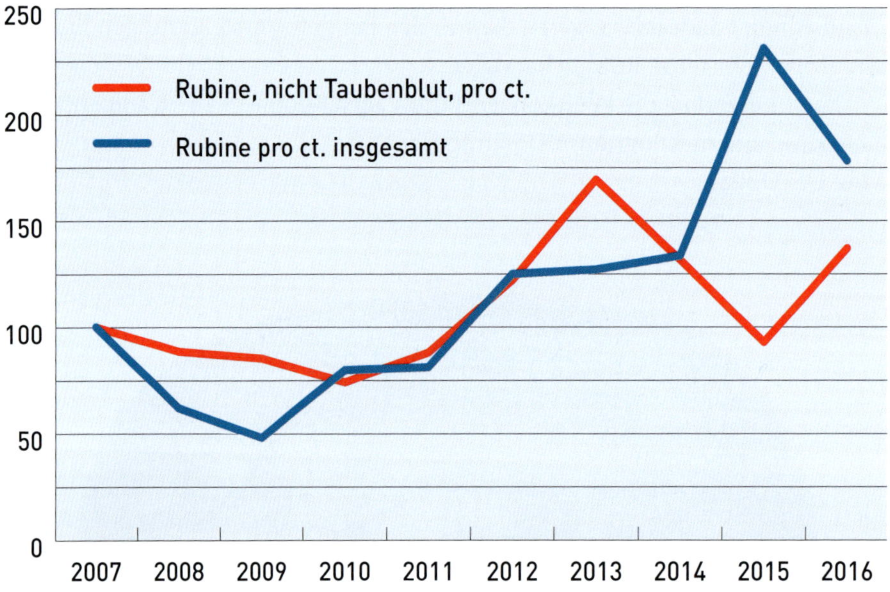

Quelle: Christie's und Sotheby's, eigene Auswertung, eigene Darstellung

Bei den mit „Taubenblut" bezeichneten Steinen kam es 2016 zu einem sehr großen Ausschlag, da hier zwei Steine, einer mit einem Wert von rund 30,3 Mio. USD, und einer mit einem Wert von 18,4 Mio. USD, zur Versteigerung kamen.

Der Anstieg des Auktionserlöses aller Rubine von 2007 bis 2016 betrug 78 Prozent und jener der Rubine ohne „Taubenblut"-Prädikat rund 37 Prozent.

Wie groß und teuer dürfen Rubine sein? Oder: Die jeweils beiden höchsten Ergebnisse pro Jahr für Rubine bei den Auktionen der letzten zehn Jahre ...

Jahr	Beschreibung	Gewicht in ct.	Schätzwert in US-Dollar	Auktionsergebnis in US-Dollar	Preis/ct. in US-Dollar
2007	Ohrgehänge mit 2x 7,01ct. ≠und einmal 2,04 ct., einmal 2,05 ct., Taubenblut	18,11	2.303.000–2.559.000	2.405.560	132.830
	Ring	12,43	800.000–1.200.000	2.001.000	160.981
2008	Ring	13,72	1.693.000–2.117.000	1.858.315	135.446
	Armband mit 7 Rubinen	23,02	880.000–1.300.000	1.305.322	56.704
2009	Ohrringe, 2x6,7 ct.	13,4	89.000–124.000	1.469.335	109.652
	Ring	7,03	744.000–1.091.000	1.117.029	158.895
2010	Ring, Taubenblut	7,04	1.500.000–1.900.000	2.984.000	423.864
	Ring	9,02	622.000–933.000	3.375.000	374.169
2011	Collier, 29 Rubine	75,56	1.415.000–1.929.000	1.813.683	24.003
	Ohrringe mit 5,13 ct. und 5,23 ct., Taubenblut	10,36	1.742.000–2.581.000	2.110.200	203.687
2012	Ring	32,08	3.100.000–5.000.000	6.736.650	209.995
	Ohrringe, mit 11,46 ct. und 11,64 ct.,	23,1	1.480.000–2.463.000	3.520.339	152.395
2013	Ring	13,21	4.923.000–7.515.000	5.967.000	451.703
	Ring	8,99	1.749.000–2.332.000	3.935.000	437.798
2014	Ring, Taubenblut	8,62	6.747.000–8.556.000	8.600.879	997.782
	Ring, Taubenblut	10,1	2.591.000–3.887.000	8.428.127	834.468
2015	Ring, Taubenblut	25,59	12.564.000–18.792.000	30.335.658	1.185.450
	Ring, Taubenblut	15,04	10.000.000–15.000.000	18.382.000	1.222.207
2016	Ring	15,99	12.000.000–15.000.000	14.165.000	885.866
	Ohrringe, 10,02 ct. und 9,09 ct., Taubenblut	19,11	10.000.000–18.000.000	11.208.616	586.531

Quelle: Christie's und Sotheby's, eigene Berechnungen, eigene Darstellung

Zusammenfassung zu den Preisdarstellungen

Die Art der Berechnungen der einzelnen Preisindizes bzw. der Art und Weise der Preisfeststellung sind stark unterschiedlich. Eines zeigen sie alle: Edelsteinpreise sind weniger schwankungsanfällig als die Preise von zum Beispiel Gold oder von Aktien. Der Wert der Edelsteine steigt langsam, dafür aber stetig an. Gegen die Möglichkeit einer Blase bzw. einer Überbewertung von Edelsteinen spricht, dass sie durch das Zurückgehen der Fördermengen immer seltener, auf der anderen Seite aber durch den Anstieg der Nachfrage, besonders aus dem asiatischen Großraum, immer gefragter werden.

Steuerliche Behandlung bei Kauf und Verkauf

Im Rahmen der Steuergesetze ist in Österreich der Kauf und der Verkauf von Edelsteinen zu unterscheiden. Beim Kauf fällt Umsatzsteuer an, der Verkauf ist jedoch zumeist sehr einkommensteuerschonend.

Umsatzsteuer

In fast allen Staaten der Erde ist auf den Kauf von Edelsteinen die jeweilige Umsatzsteuer zu entrichten. Nach derzeitigem Stand (2017) fällt nur in Dubai keine Umsatzsteuer beim Kauf von Edelsteinen an.

Werden die Steine zum Beispiel aus einem Land der Europäischen Union ins Ausland exportiert, so entfällt die Umsatzsteuer im Mitgliedsland der EU und der Käufer hat die Einfuhrumsatzsteuer seines jeweiligen Wohnsitzlandes bei der Einfuhr zu entrichten. Die Deklaration der Steine obliegt daher dort dem Käufer.

Bei einem Verkauf entfällt für einen privaten Verkäufer die Umsatzsteuer.

Im Zusammenhang mit der Umsatzsteuer ist für Deutschland und Österreich noch ein weiterer Begriff wichtig: Es ist dies jener der „Differenzbesteuerung". Wenn ein Stein von einem Auktionshaus oder aber auch von einem Händler erworben wird und das Auktionshaus oder der Händler selbst bezogen den Stein von einer Privatperson, so fällt Umsatzsteuer nur für den Aufschlag, den das Auktionshaus oder der Händler verrechnet, an. Die Umsatzsteuer auf den Aufschlag wird dann nicht dezidiert angegeben, da sonst der Kunde den genauen Aufschlag in der jeweiligen Währung sehen würde. Er findet auf der Rechnung dann nur den Hinweis: „Dieser Artikel unterliegt der Differenzbesteuerung, die Umsatzsteuer kann nicht ausgewiesen werden."

Einkommensteuer

In Österreich regelt § 31 Einkommensteuergesetz (EStG) die sogenannte „Spekulation". Wird ein Edelstein gekauft und nach mehr als einem Jahr mit Gewinn verkauft, ist für den Gewinn keine Einkommensteuer abzuführen. Nur wenn der Verkauf innerhalb eines Jahres erfolgt, ist diese zu bezahlen.

Die Lagerung von Edelsteinen

Edelsteine sind einfach zu lagern und brauchen im Gegensatz zu Gemälden, Wein und Oldtimern keinerlei Aufmerksamkeit. Die einfachste und kleinste Lagerform ist es, sie in den „Edelsteinbriefchen", in denen sie üblicherweise verkauft werden, im Tresor aufzubewahren. Im Edelsteinbrief enthalten ist meist ein kleines Stück Vlies aus Kunststoff, das den Stein schützt. Dies reicht völlig aus und auf diese Weise nehmen sie nur minimalen Platz ein. Sollen die Steine transportiert werden, ist dies ebenfalls eine völlig ausreichende Methode zum Schutz des Steins.

Diamant, Rubin, Saphir und Smaragd sind unempfindlich gegenüber Licht, Wasser, Luftdruck oder auch normaler Temperaturschwankung. Eine Sache mögen diese Edelsteine jedoch nicht: große Hitze, wie sie zum Beispiel auf Grund eines Brandes auftritt. Stellen Sie daher sicher, wenn Sie die Steine in einem Tresor aufbewahren, dass der Tresor auch gegen Hitze gesichert ist. Dies kann vonseiten des Herstellers des Safes durch Einlegen von „Hitzeschutzbändern" in die Tür des Tresors sichergestellt werden.

Es gibt jedoch einen wichtigen Grundsatz: Bewahren Sie die Edelsteine niemals zusammen mit den zugehörigen Zertifikaten auf! Das Zertifikat wird auch als Dokument des redlichen Besitzes angesehen, daher gilt die Regel: Die Edelsteine in einem Schließfach oder Tresor, die Zertifikate in einem anderen.

Wenn Sie die Edelsteine versichern wollen, fertigen Sie Kopien der Handelsrechnungen sowie der Zertifikate an und übergeben Sie diese Ihrer Versicherung, nur so ist gewährleistet, dass diese im Schadenfall auch leistet.

Anlagedauer

Edelsteine sind seit Jahrtausenden bei Menschen ob ihrer Wertaufbewahrungsfunktion beliebt. Daraus folgt sofort Eines: Sie sind keine Spekulationsobjekte, sondern für eine längere oder lange Anlagedauer geeignet.

Im Bereich der Anlagedauer sind auch die einzelnen Edelsteintypen zu unterscheiden: Diamanten haben wie oben dargestellt in den letzten zehn Jahren kaum Steigerungsraten erzielt und diese sind wohl für die nächsten fünf bis zehn Jahre, wenn sich weltpolitisch nichts Gravierendes ändert, auch nicht zu erwarten. Daher werden Diamanten zur Wertaufbewahrung bzw. zur Wertsteigerung in einem Zeitraum größer als zehn Jahre gekauft.

Anders verhält es sich bei den Farbedelsteinen: Rubin, Saphir und Smaragd haben in sehr guter bis ausgezeichneter Qualität in den letzten Jahren stabile Wertsteigerungsraten gezeigt und werden diese, aufgrund ihrer steigenden Seltenheit, in Zukunft auch beibehalten. Daher macht für diese Steine eine Anlagedauer mit Wertsteigerung ab fünf bis sieben Jahren Sinn.

Warum in beiden Fällen eine längere Behaltedauer? Einer der Gründe ist die anfallende Umsatzsteuer (20 Prozent in Österreich, 19 Prozent in Deutschland) beim Kauf von Edelsteinen bzw. das Aufgeld, das ein Auktionshaus verlangt, werden Steine über eine Versteigerung erworben.

Rubin, 2,08 Karat,
Naturfarbe,
Mozambique

Foto: Peter Schmidt

Der Verkauf von Edelsteinen

Ein wichtiges Qualitätsmerkmal eines Edelsteinhändlers ist es, ob er Sie beim Kauf eines Edelsteins dazu auffordert, bei einer möglichen Verkaufsabsicht ihn wieder zu kontaktieren oder ob er Ihnen möglicherweise sogar einen Rückkaufspreis nach einer bestimmten Mindestbehaltedauer garantiert. Also ist die erste Anlaufstelle bei einem Verkauf der Edelsteinhändler oder Juwelier, der Ihnen den oder die Steine verkauft hat. Daraus folgt: Kaufen Sie Edelsteine nur bei renommierten Unternehmen bzw. bei solchen, die schon lange auf dem Markt tätig sind.

Als zweiter wichtiger Verkaufskanal haben sich in den letzten Jahren die Auktionshäuser herauskristallisiert. Dies trifft bei größeren Steinen auf Unternehmen wie

- Christie's
- Sotheby's
- Art Curial
- Natural Gem Auctions
- Dorotheum
- usw.

zu, aber auch genauso auf Online-Auktionshäuser wie „Catawiki". Auktionsergebnisse dieser Häuser werden sehr genau beobachtet und als Benchmark für Edelsteinpreise herangezogen.

Weitere mögliche Verkaufspartner sind große Juweliere, Edelsteinhändler und für günstige bis mittelpreisige Steine auch Edelsteinbörsen und -messen.

Glossar

Dieses Glossar wendet sich an Investment- bzw. Schmuckkaufinteressierte, es folgt daher nicht unbedingt mineralogischen Gesichtspunkten.

Absorption: Schwächung der Lichtintensität bei Durchdringen eines Stoffes. Bei keiner oder geringer Absorption erscheint ein Stein je nach Transparenz weiß oder farblos, bei höchster Absorption erscheint er schwarz. Wird Licht einer oder mehrerer bestimmter Wellenlängen absorbiert, entsteht eine Farbe, die nicht der nicht absorbierten Wellenlänge entspricht.

Achtkant: Schliffform für Diamanten mit acht oberen und acht unteren Facetten.

AGTA: Von der „American Gem Trade Association" wurde ein System von Abkürzungen eingeführt, das die Behandlung von Edelsteinen beschreibt. Dieses oder ähnliche Systeme werden heute von den meisten Edelsteinlabors im Rahmen der Zertifizierung verwendet.

N – Not enhanced: Der Edelstein ist unbehandelt (=höchste Qualifizierung)

H – Heating: Es liegt eine Hitzebehandlung vor.

R – Irradiation: Der Edelstein wurde künstlich bestrahlt.

W – Waxing: Die Oberfläche des Edelsteins ist von einer Wachsschicht überzogen.

D – Dyeing: Der Edelstein wurde einer Farbbehandlung unterzogen.

B – Bleaching: Die Farbe des Edelsteins wurde aufgehellt, v. a. bei Perlen.

I – Impregnation: Imprägnierung des Edelsteins mit farblosem, gehärtetem Kunstharz.

O – Oiling: Öl wurde in die Risse an der Oberfläche des Edelsteins gegossen.

F – Filling: Auffüllen von an die Oberfläche des Edelsteins reichenden Sprüngen durch Kunstharz oder Glas.

L – Laser drilling: Mit Laserstrahlen werden Tunnel in Edelsteine gebohrt, die im Anschluss mit Glas oder Kunstharz aufgefüllt werden. Dies dient zur Verbesserung der Reinheit.

U – Diffusion: Starke Erhitzung des Edelsteins gemeinsam mit Zusatzstoffen. Diese dringen dabei in in die Oberfläche ein und rufen eine Farbveränderung hervor.

C – Coating: Künstliche Beschichtung der Oberfläche zur Farbverbesserung oder zum Erzeugen bestimmter optischer Effekte.

Alexandrit: Varietät des Chrysoberylls, Härte 8,5, benannt nach Zar Alexander II von Russland, angeblich um 1830 zu seinem Geburtstag. Besonderheit des Steins: Farbwechsel von Grün bei Tageslicht zu Rot bei Kunstlicht, Vorkommen in Russland, Brasilien und Sri Lanka, große Steine über zehn Karat Gewicht sind sehr selten. Ausschlaggebend für den Preis sind das Gewicht des Steins, die Reinheit und vor allem Anderem: der Farbwechsel; dieser wird in Prozent angegeben, zehn Prozent sind schwach, 100 Prozent Farbwechsel wäre perfekt und ist sehr selten. Synthesen und Nachahmungen des Steines sind häufig zu finden.

Erwartete Wertsteigerung: drei bis fünf Prozent pro Jahr, schwierig festzustellen, sehr enger Markt.

Investmenttipp: Kaufen Sie vor allem Steine mit starkem Farbwechsel (ab 70 Prozent), auch wenn das bedeutet, dass Sie sich nur einen kleineren Stein leisten können (aber nicht unter ein Karat Gewicht). Steine, die nicht oder nur schwach Farbwechseln werden vom Handel nicht als Alexandrit gesehen und sind schwierig wiederzuverkaufen. Vorsicht hier vor allem im Internet.

Alluviale Vorkommen: Sekundäre Vorkommen auf der Erdoberfläche in Kiesen, Sand und Böden.

Altschliff: Diamantschliff aus der ersten Hälfte des 18. Jahrhunderts, mit 56 Facetten, vergleichbar unserem Brillantschliff, jedoch mit weniger gerundeter Rondiste und flacherer Ausführung des Schliffs. Der Stein verliert bei diesem Schliff gegenüber dem modernen Brillantschliff weniger an Gewicht.

Anorganisch: Ein Edelstein, der sich aus nicht-biologischem Material gebildet hat. Ein Stein, der nie gelebt hat bzw. nie Teil eines lebenden Organismus war.

Asterismus (Sterneffekt): Durch Einlagerung von Rutilnadeln in den Stein kommt es nach dem Schliff in Cabochonform zum Auftreten eines Sterns. Im besten Fall ist dieser bei Ruhighalten des Steins in der Mitte zentriert, wogt bei einer Bewegung des Edelsteins über den gesamten Cabochonkörper und weist ganz scharf gezeichnete Linien auf.

Behandlung: Ein menschlicher Eingriff durch chemische oder physikalische Maßnahmen, um die Erscheinung eines Edelsteins zu verbessern. Schließt Erhitzen, Rissfüllen, Farb- und Stabilitätsverbesserungen ein.

Bestrahlter Diamant: Durch künstliche Bestrahlung farbveränderter Diamant (gelb, braun, blau, grün, pink, schwarz); Ausgangsmaterial ist getönter Diamant.

Bestrahlter Saphir: Durch künstliche Bestrahlung farbveränderter, oranger Saphir (Padparadscha), Ausgangsmaterial ist gelblich-rosafarbener Saphir.

Bestrahlter Topas: Durch künstliche Bestrahlung farbveränderter, blauer oder orange-brauner Topas, Ausgangsmaterial ist farbloser Topas. Alle intensiv blauen Topase im Handel sind bestrahlt.

Bestrahlter Turmalin: Durch künstliche Bestrahlung rot gefärbter Turmalin, Ausgangsmaterial ist rosa Turmalin.

Bestrahlung: Ionisierende Strahlung (Röntgen-, Alpha-, Beta-, Gamma- oder Neutronenstrahlung) auf Edelsteine, um eine künstliche Eigenschaftsverbesserung herbeizuführen.

Beryll: Mineralgruppe, die ein Aluminium-Beryllium-Silikat darstellt und zu der Smaragd (grün), Aquamarin (hellblau bis mittelblau), Heliodor (gelb), Morganit (rosa), roter Beryll (alter Begriff: Bixbit) (rot) und Goshenit (farblos) gehören. Härtegrad 7,5 bis 8.

Brechungsindex, auch Lichtbrechung: Verhältnis von Lichtgeschwindigkeit in der Luft im Vergleich zur Lichtgeschwindigkeit im Edelstein.

Blutdiamant: Die heute international gültige Definition lautet: „Ein Diamant, der dazu gedient hat, einen kriegerischen Konflikt zu finanzieren." Wird heute durch den Kimberley-Prozess ausgeschlossen.

Brennen: (siehe: Erhitzen)

Brillant: Runde Schliffform mit 57 Facetten. Vorsicht: Ein Brillant ist nicht automatisch ein Diamant, sondern wird bei diesem nur am häufigsten verwendet! Beim Diamant braucht es unbedingt eine Schliffbeurteilung, wie gut der Brillant geschliffen wurde, hier ist 3x „exzellent" für Schliff, Politur und Symmetrie zu empfehlen.

Die größte Facette nennt man „Tafel", diese ist von oben zu sehen; um diese herum läuft die „Rondiste": In diese wird heute üblicherweise die Nummer des Zertifikats sehr klein eingraviert, so kann der Stein jederzeit mit seinem Zertifikat verbunden werden. Mit freiem Auge ist diese Gravur nicht zu sehen.

Investmenttipp: Ein Brillantschliff, der mit zum Beispiel einmal „gut", und zweimal „sehr gut" bei Schliff, Politur und Symmetrie bewertet wurde, ist etwa zehn Prozent weniger wert als einer der mit 3x „exzellent" bewertet ist.

Brillanz: Das funkelnde Erscheinungsbild eines Edelsteins, abhängig von Glanz (Reflexion und Politur), Totalreflexion (Lichtbrechung und Proportionen) und Reflexzahl (Anordnung und Anordnung von Facetten).

Brioletteschliff: Birnenförmiger, dreidimensionaler Schliff, für Investmentzwecke unbedingt zu meiden! Wird bei einem Wiederverkauf niedrig bewertet!

Cabochon: Schliffform für eher günstige Edelsteinqualitäten, die sich nicht zum Facetieren eignen, da sie nicht rein genug sind. Auch verwendet für gänzlich undurchsichtige Steine oder durchscheinende Steine. Bestmögliche Schliffform für Steine, die Asterismus aufweisen.

Carat (Abkürzung „ct.", ins Deutsche übersetzt: „Karat"): Gewichtseinheit bei Edelsteinen und seit einigen Jahren auch bei Perlen, ein Karat=0,2 g oder anders ausgedrückt: 1 g=5 ct. Vorsichtig: Kann verwechselt werden mit „Karat", Abkürzung „kt." als Feingoldangabe bei Gold, dort entspricht reines Gold 24 Karat, das in Deutschland verwendete Acht-Karat-Gold oder „333" enthält 33,3 Prozent Feingold (in Österreich nicht zum Handel zugelassen), 14 Karat Gold ist dann 585 Gold (58,5 Prozent Feingoldgehalt), 18 Karat Gold entspricht 750 Gold (75 Prozent Feingoldgehalt)

Chamäleon-Diamant: Ein (sehr seltener) Diamant, der seine Farbe aufgrund des einfallenden Lichts sowie der Umgebungstemperatur ändert, von gelblich auf grünlich.

Chatoyance (siehe: Katzenaugeneffekt)

CIBJO: „Die internationale Vereinigung Schmuck, Silberwaren, Diamanten, Perlen und Steine" ist eine weltweite Juwelenvereinigung, die es sich zum Ziel gesetzt hat, die internationalen Deklarationsbedingungen im Juwelenbereich zu vereinheitlichen. Sie bestimmt unter anderem darüber, welche Behandlungsmethoden von Steinen dem Kunden beim Kauf mitgeteilt werden müssen.

Conch-Perle: Naturperle, gewonnen aus einer Meeresschnecke, rosa bis rot gefärbt.

Cornflower-blue: Diese sehr schöne blaue Farbe kommt beim Saphir vor und wurde jahrhundertelang als die bestmögliche beim blauen Saphir angesehen. Man kann die Farbe als hell und funkelnd bezeichnen. Vor einigen Jahren haben sich die großen Zertifizierungsstellen der Welt darauf geeinigt, dass diese Farbe nicht mehr zertifiziert wird, kommt aber im Handel noch immer vor und wird von kleineren lokalen Zertifizierungsstellen, vor allem in Sri Lanka, weiter verwendet. Die Diskussion, ob diese Farbe als Qualitätsangabe zulässig ist, wogt noch immer hin und her.

Investmenttipp: Kennzeichnet sehr schöne blau funkelnde Saphire, hilft aber im internationalen Handel nicht, da nicht mehr zertifizierbar.

Cubic Zirkonia: Kubisch stabilisiertes Zirkoniumoxid, künstliches Produkt, wichtiges Diamant-Imitat. Vorsicht: nicht zu verwechseln mit „Zirkon" – Letzterer ist ein natürlicher Edelstein!

CVD-Diamant: Künstlicher Diamant, abgeschieden aus dünnen poly- oder monokristallinen Schichten. Das Verfahren dazu erbringt sowohl synthetische Diamanten als auch Diamantbeschichtungen auf verschiedenen Materialien.

De Beers: Konzern, der sich mit der Gewinnung von Rohdiamanten und dem Vertrieb von Rohdiamanten (CSO – „Central Selling Organisation) beschäftigt. Hatte einmal absolut marktbeherrschende Stellung bei Rohdiamanten, heute noch immer großen Einfluss.

Deutsche Gemmologische Gesellschaft e.V.: Diese Vereinigung wurde 1932 in Idar-Oberstein gegründet; Hauptaufgaben sind die Aus- und Weiterbildung im gemmologischen Bereich sowie die Unterstützung der gemmologischen Forschung.

Diamant: Besteht aus reinem Kohlenstoff C, Härte 10. Die Härte liegt allerdings nur in einer Richtung vor, in der anderen Richtung ist der Stein weicher, kann dadurch erst durch andere Diamanten geschliffen werden. Vorsicht: Diamant ist nicht unzerstörbar, auch wenn er das härteste Material in der Natur ist. Er verfügt über perfekte Spaltbarkeit und kann zum Beispiel beim Auftreffen auf einen Granit- oder Zementboden zerspringen.

Investmenttipp: Kaufen Sie zu Anlagezwecken nur Steine ab 0,5 Karat Gewicht im Brillantschliff, entweder in Schmuckqualität was H SI1 entspricht oder in Topqualität, was D oder E und IF entspricht, aber auf jeden Fall nur mit internationalem Zertifikat (am besten GIA) und mit 3x „exzellent" beim Schliff.

Diamantglanz: Typischer Glanz hochlichtbrechender Edelsteine aufgrund des hohen Reflexionsvermögens.

Dichroismus: Optischer Effekt, der beschreibt, dass ein Stein aus zwei verschiedenen Richtungen betrachtet, zwei Farben aufweist.

Dichroskop: Optisches Gerät zur Beobachtung des Dichrosismus.

Dichte: Wird angegeben in Gramm/Kubikmeter. Edelsteine mit großer Dichte sind bei gleicher Größe zweier Edelsteine schwerer. Dies bedeutet im Umkehrschluss, dass zum Beispiel Rubin (Dichte 3,97 bis 4,05) im Ovalschliff bei gleichem Gewicht kleiner ist als zum Beispiel roter Turmalin (Dichte 2,83 bis 3,32).

Diffussionsbehandlung: Wird verwendet um die Farbe bei Korunden, also bei Rubin und Saphir, zu verändern. Im Rahmen eines speziellen Brennprozesses können farblose bis blasse Steine durch die Zufuhr farbgebender Substanzen intensiv gefärbt werden. Die Farbgebung entspricht jener, die in der Natur geschehen würde, wie Titan und Eisen für die Farbe blauer Saphire, Chrom für die rote Farbe von Rubinen bzw. für das Pink von rosa Saphiren oder das rosa-orange beim Padparadscha. Die Eindringtiefe der Farbe ist jedoch gering und der Stein daher nur oberflächennah gefärbt.

Dispersion: Die Abhängigkeit des Brechungsindex eines Edelsteins von der Wellenlänge des Lichts. Ursache für die Entstehung eines Spektrums beim Durchgang von Licht durch ein Prisma.

Doppelbrechung: Eigenschaft optisch anisotroper Kristalle, einen einfallenden Lichtstrahl in zwei Strahlen zu zerlegen.

Edelstein: In der Natur ohne künstliche Beeinflussung entstandenes Mineral oder organische Substanz. Werden gesondert ausgewiesen wegen ihrer besonderen Eigenschaften und dem Grad ihrer Seltenheit.

Einfachbrechung: Einfachste Brechung, ein Lichtstrahl trifft auf den Edelstein und verläuft als einzelner, gebrochener Lichtstrahl weiter. Edelsteine des kubischen Kristallsystems sowie amorphe Edelsteine sind einfach brechend.

Erhitzen, auch „Brennen“: Wird unterschieden in Hoch- (bis zu 1.950 Grad Celsius) und Niedrigtemperaturmethode (rund 400–600 Grad Celsius). Die Letztere kommt bei Steinen wie Zitrin oder Tansanit zum Einsatz, um die Farbe zu verbessern bzw. zu verändern.

Die Hochtemperaturmethode wird vor allem bei Rubin und Saphir angewendet; hier geht es einerseits um die Verbesserung der Farbe, aber auch um das „Ausbrennen“ von Einschlüssen. Rutil wird hier zum Beispiel verflüssigt, um die Klarheit des Steins zu verbessern. Die Steine werden bei diesem Vorgang zum Beispiel in Borax eingelegt, um entstehende Brennrisse mit einem glasartigen Material aufzufüllen.

Erhitzen ist heute im Handel üblich: Fast alle im Handel befindlichen Rubine und Saphire sind gebrannt. Werden Risse aufgefüllt, spricht man vom „Filling“. Sie sind daher für ein Investment wenig geeignet. Naturfarbene, unbehandelte Steine sind viel seltener und daher für ein Investment geeignet. Obwohl im Handel akzeptiert, sollte Sie Ihr Händler oder Juwelier darauf hinweisen, dass ein Stein gebrannt ist.

Der Umstand, dass ein Stein gebrannt ist, wird im Zertifikat immer angeführt, da er absolut Wert bestimmend ist. Ein unbehandelter Saphir oder Rubin kann das Drei- bis Fünffache eines gebrannten Steins kosten.

Einschluss: Alles was innerhalb eines Edelsteins sichtbar, aber nicht Teil des ursprünglichen Steins ist. Einschlüsse können fest, flüssig oder gasförmig sein und sie beinhalten auch Frakturen. Alle diese Einschlüsse zusammen werden „innere Merkmale“ genannt.

Facetieren: Einen meist durchsichtigen Edelstein mit Flächen versehen, so dass das Licht optimal reflektiert wird.

Fancy Diamond: Ein anderer Begriff für „Farbdiamant“. Um als „Fancy Diamond“ zu gelten, muss der Diamant eine intensive Farbe haben, die nicht weiß oder schwarz ist.

Farbe: Die Farbe eines Edelsteins ist entweder eine Eigenfarbe (zum Beispiel bei Türkis) oder entsteht durch das Licht und die Färbung durch Metalle im Stein (zum Beispiel durch Chrom im Rubin). Es gibt außer beim Diamant keine genormten Farben. „Taubenblut“ beim Rubin bzw. „Königsblau“ beim Saphir sind Versuche, solche Farbdefinitionen anhand von Referenzsteinen zu schaffen. Eine andere Ausdrucksweise für Farbe: Die Wahrnehmung von sichtbarem Licht durch das Auge und das Gehirn.

Farbgebende Elemente: Ein Element in der atomaren Struktur eines Materials, das für die Farbgebung verantwortlich ist. Beispiele dafür sind Chrom in Rubin oder Eisen und Titan in Saphir.

Farboptimum: Optimale Farbintensität als Bewertungsfaktor bei Farbedelsteinen.

Farbstein: Alle für Investment- oder Schmuckzwecke geeigneten Steine mit Ausnahme des weißen Diamant.

Farbwechsel: Optisches Phänomen bestimmter Edelsteine bei unterschiedlicher Beleuchtung unterschiedliche Wellenlängen zu absorbieren, also nicht mehr zurückzuwerfen. Beispiele für Edelsteine mit Farbwechsel sind Alexandrit, farbwechselnder Saphir oder farbwechselnder Granat.

Feingehalt: Ausdruck der verwendet wird, um festzuhalten, wie viel „edles“ Metall in einer Legierung enthalten ist, also zum Beispiel bei Gold, Silber oder Platin. Hier gibt es zwei verschiedene Ausdruckweisen, eine Alte und eine Neuere, wobei noch beide nebeneinander gebräuchlich sind. Zuerst die Alte: hier gab man den Feingehalt in „Karat“ an. Vorsicht: Dies ist nicht das Karat bei Edelsteinen! Bei Edelsteinen gibt Karat das Gewicht an, mit einem Karat=0,2 g. Bei Metallen gibt „Karat“ den Gehalt von zum Beispiel Gold an. Reines Gold ist mit 24 Karat gleichzusetzen.

14 Karat: 585 Gold = ein Goldgehalt von 58,5 Prozent, der Rest können Kupfer, Silber oder andere Metalle sein.

18 Karat: 750 Gold = ein Goldgehalt von 75 Prozent.

Die neuere und auch in der Literatur heute gültige Darstellungsweise ist die schon oben Verwendete: 585 Gold enthält 58,5 Prozent Gold, 750 Gold enthält 75 Prozent Gold. Das in Deutschland zugelassene 333 Gold (also ein Goldgehalt von 33,3 Prozent) darf in Österreich im Schmuckhandel nicht als „Gold" verkauft werden, da der Goldgehalt unter 50 Prozent liegt.

Fenster: Harter Ausdruck, um zu sagen, dass ein Stein zu flach geschliffen wurde, dass das Licht in der Mitte des Steins gerade durch den Stein durchgeht ohne reflektiert zu werden. Ein Fenster ist im Rahmen der Schliffbewertung stark wertmindernd.

Feuer: Die durch Dispersion erzeugten Farben bei geschliffenen Edelsteinen.

Filling (siehe auch „Erhitzen"): Auffüllen von Rissen mit Glas, Bleiglas oder anderen Materialien. Muss dem Kunden im Handel unbedingt mitgeteilt werden, im Gegensatz zum reinen Erhitzen. Da rissfüllende Materialien oft schon bei 750 Grad Celsius schmelzen, können sich auch bei der Arbeit eines Goldschmieds schon unschöne Dinge rund um den Stein abspielen. Daher muss der Besitzer wissen, dass sein Stein gefüllt wurde.

Wird im Zertifikat vermerkt und ist sehr stark Wert mindernd. Es gibt „gefüllte" Steine im Handel, die in Wahrheit nur noch zu 20 Prozent Rubin (je nach Füllmenge ändert sich der Wert) bestehen, der Rest sind Füllmaterialien. Vorsicht hier vor allem beim Schmuckkauf in Touristengebieten Asiens oder Afrikas!

Floureszenz: Ist bei Edelsteinen die Veränderung der Farbe bei unterschiedlichen Lichtbedingungen, also das Aufleuchten oder Sichverändern der Farbe bei unterschiedlichem Licht, oder anders ausgedrückt: Die Ausstrahlung von Licht, wenn eine optisch stärkere Energiequelle auf den Stein einwirkt.

Bei weißen Diamanten (Schmuck- und Investmentzwecke) ist Floureszenz nicht erwünscht, erscheinen die Steine dann in Tageslicht doch oft milchig. Auftreten von Floureszenz wird bei Diamanten im Zertifikat vermerkt und ist und schon ab „leichter" Floureszenz Wert mindernd.

Beim Rubin dagegen ist Floureszenz erwünscht. Er wird als „Abendstein" bezeichnet, weil er bei gelblichem Licht, zum Beispiel jenem von Kerzen, von innen heraus zu „glühen" beginnt; dieser Effekt tritt vor allem bei Rubinen aus Burma auf. Die Floureszenz geht beim Rubin soweit, dass der

Stein zum Beispiel auch rot zu leuchten beginnt, wenn er mit einem violetten Laser der gar kein rotes Licht enthält, bestrahlt wird.

Form: Grundsätzliche Gestalt, in der ein Edelstein geschliffen wird, zum Beispiel oval, rund oder Kissen. Nicht zu verwechseln mit „Schliff".

Geuda: Blaßblaue oder milchigtrübe Saphire aus Sri Lanka, die durch Brennen in bessere, blaue Steine umgewandelt werden können.

GIA (Gemological Institute of America): Weltweit am höchsten angesehene Zertifizierungsstelle für Diamanten (sowohl weiße, als auch Farbdiamanten), bei einem Diamantkauf unbedingt zu empfehlen, bei jedem Diamant ab einem Gewicht von 0,33 Karat

Investmenttipp: Kaufen Sie jeden Diamant (auch in Schmuck gefassten), der möglicherweise einmal wiederverkauft werden soll, nur mit GIA-Zertifikat, HRD ist auch akzeptabel. Ein Zertifikat von IGI bedeutet im Handel schon einen Abschlag von fünf bis sieben Prozent vom Wert.

GII (Gemmological Institute of India): Alteingesessenes Institut mit Stellen in Indien, liefert gute Ergebnisse, kann aber bei der Geräteausstattung nicht mit den großen Instituten mithalten. Sehr gut geeignet für ein Erstzertifikat oder für günstige Steine, da die Tarife moderat gehalten sind.

Glanz: Optische Erscheinung von Edelsteinen, die auf der Reflexion und der Oberflächenbeschaffenheit (bei geschliffenen Steinen die Politur) beruht.

Glatte Fassung: Eine Fassungsart wo der Edelstein in das Metall eingelassen wird und nur knapp über seine Fassung hinausragt. Man spricht hier auch von „verwischter" Fassung.

Halbedelstein: Eine Bezeichnung, die nicht mehr verwendet wird. Früher: alle Farbsteine mit einer Härte unter 8. Also alle damals bekannten Steine, außer dem Diamant, der Korund- und der Beryllgruppe. Der Begriff wurde durch das Wort „Farbstein" abgelöst.

Haltbarkeit: Setzt sich aus drei Bereichen zusammen:

- Härte: die Fähigkeit, Kratzen zu widerstehen (gemessen anhand der „Mohs-Härteskala"),
- Sprödigkeit: die Leichtigkeit der Teilbarkeit entlang von gewissen Linien im Stein bzw. das Widerstehen gegen Absplitterung,
- Stabilität: die Fähigkeit, Chemikalien, Licht und Hitze zu widerstehen.

Härte: Widerstand, den ein Mineral einem mechanischen Eingriff in die Oberfläche entgegensetzt. Wurde festgelegt von Friedrich Mohs; Härtegrade 1 bis 10; im Edelsteinhandel haben Steine mit einem Härtegrad von etwa 6,5 (Opal, Granat, Tansanit) bis zehn (Diamant) Bedeutung.

Härteanisotropie: Unterschiedlicher Härtegrad in verschiedenen Richtungen eines Minerals.

Heilungsriss: Ausgeheilte, das heißt, wieder zugewachsene Risse, meist an Flüssigkeitseinschlüssen erkennbar, die dem ehemaligen Verlauf des Risses folgen.

Heliodor: Gelbgrüner Beryll

Hessonit: Bräunlich-gelber, orangeroter, auch brauner oder gelblicher Grossular-Granat.

Hochdruck-Hochtemperatur-Verfahren (auch „HPHT-Verfahren"): Herstellungsverfahren für synthetische Diamanten durch Umwandlung von Graphit in Diamant bei Temperaturen von 1.400 Grad Celsius und einem Druck von 50 Kilobar.

Holländische Rose: Schliffform mit 34 dreieckigen Facetten.

Hope: Name eines großen blauen geschliffenen Diamanten mit 44,5 Karat Gewicht.

Idiochromatisch: Eigengefärbt, das heißt, das farbgebende Element ist Teil der chemischen Formel, zum Beispiel bei Türkis.

Imperialjade: Höchste Qualität der Jade, grün durch Chrom gefärbt, Unterart Jadeit, an den Kanten durchscheinend, aus Burma kommend.

Indigolith: Blauer Turmalin.

Innere Merkmale: Einschlüsse, aber auch Risse, Zwillings- oder Wachstumslinien innerhalb eines Edelsteins.

Internally Flawless: „Lupenrein" beim Diamanten, nur bei diesem Stein als Begriff gültig, bedeutet, dass der Fachmann bei zehnfacher Vergrößerung von vorne (durch die Tafel) betrachtet, im Stein keine Einschlüsse sieht.

Internet: Als Kaufort für Edelsteine möglich, wenn der Verkäufer alle in diesem Buch geforderten Angaben zum Stein machen kann. Vorsicht: ein großer Teil aller Bilder mit Steinen ist mit Bildbearbeitungs-Software bearbeitet, um Farbe und/oder Einschlüsse zu verbessern.

Investmenttipp: die Bewertungen des Verkäufers lesen, unbedingt ein Rückgaberecht einräumen lassen bei Nichtgefallen. Vorsicht: Wo sitzt der Verkäufer? Ist rechtlich eine Rücksendung leicht möglich? Dies kann zum Beispiel aus zolltechnischen Gründen für Sri Lanka, die USA oder Russland schwierig werden.

Investment in Edelsteine: Komplementäres Investment wie zum Beispiel in Kunst, Wein oder Oldtimer. Im Vordergrund steht nicht der Kauf eines Schmuckstücks, sondern der Investmentcharakter und ein möglicher Wiederverkauf nach Wertsteigerung. Wichtigste Voraussetzungen: Steingewicht ab ein Karat bei Farbedelsteinen, ab 0,5 Karat Brillantschliff beim Diamant. Wichtig: Vorliegen eines internationalen Zertifikats, Naturfarbe und Unbehandeltheit des Edelsteins. Der Anlagehorizont ist immer langfristig, also länger als fünf Jahre.

Jade: Sammelbezeichnung für Jadeit und Nephrit.

Juwelen: Bezeichnung für hochwertige geschliffene Edelsteine sowie hochwertigen Schmuck.

Kalette: Untere kleine Endfacette des Diamant beim Brillantschliff, kann auch nicht vorhanden sein, wenn die unteren Facetten eines Brillanten spitz zusammenlaufen.

Kalibrierte Steine: Eine Menge von Edelsteinen, welche die genau gleichen Maße aufweisen. Zum Beispiel: Alle Edelsteine sind 3x5 mm groß und im Ovalschliff geschliffen. Ein solcher Schliff, auf genau gleiche Größe, lässt sich bei günstigen Farbsteinen, wie Zitrin oder grüner Turmalin oder auch bei erhitzten Saphiren kleiner Größe, durchführen. Für naturfarbene Saphire oder Rubine ist sie nahezu unmöglich.

Karfunkel oder Karfunkelstein: Eine alte Bezeichnung für alle roten Edelsteine wie etwa Rubin, Spinell und Granat. War vor allem im Mittelalter gebräuchlich.

Katzenaugeneffekt, auch „Chatoyance“: Sind Rutilnadeln parallel zur Kristallachse eingewachsen und wird der Stein im Cabochonschliff verarbeitet, entsteht auf seiner Oberfläche ein hin und her wogender Effekt, der an ein Katzenauge erinnert.

Kimberley-Prozess: Ein Vorgehen in den Diamantminen, auf das man sich international geeinigt hat: Gewonnene Rohdiamanten werden verplombt versandt, um sicherzustellen, aus welchem Land und aus welcher Mine sie stammen. Es wird für diese Rohdiamanten ein „Blue Certificate“ erstellt, das nichts mit der Reinheit, sondern mit der Herkunft der Steine zu tun hat. Damit wird auch sichergestellt, dass es sich bei diesen Steinen nicht um Blutdiamanten handelt.

Klopfen: Zerkleinern von rohen Edelsteinen mit einem Hammer; die Steine zerbrechen dabei entlang bereits vorhandener Risse.

Konfliktstein: Siehe „Blutdiamant“.

Korund: Edelsteingruppe, die aus Aluminiumoxid besteht und Härtegrad 9 aufweist. Der rote Korund wird „Rubin“ genannt, alle anderen Farben „Saphir“.

Krappenfassung: Eine Fassungsart, bei der ein Edelstein nicht bündig vom Metall umschlossen ist, sondern von drei, vier oder mehr kleinen „Füßchen“ im Schmuckstück gehalten wird.

Krone: Der Teil des Schliffs, der über der Rondiste liegt.

Lapidär: Edelsteinschleifer.

Laserbohrung: Behandlung beim Diamant bei welcher größere Einschlüsse mit einem Laser angebohrt werden, anschließend wird der Einschluss mit Säure aufgelöst, die Bohrkanäle können dann mit Harz oder ähnlichen Materialien wieder verschlossen werden. Die Behandlung ist dem Kunden vom Verkäufer unbedingt mitzuteilen.

Leben: Eine Frage, die im Edelsteinhandel immer wieder vorkommt ist: „Lebt“ der Stein? Dies bedeutet: Wirkt er lebhaft? Funkelt er? Hinterlässt er einen angenehmen Eindruck, auch bei verschiedenen Lichtverhältnissen?

Investmenttipp: Hände weg von stumpf wirkenden Steinen, auch wenn man sieIhnen günstig anbietet! Vergleichbar sind nicht „lebende“ Steine mit den schlechten Kunstwerken sonst sehr gut arbeitender Künstler, auch diese erzielen niedrige Preise.

Leukosaphir: Farbloser Saphir.

Licht: Eine Form von elektromagnetischen Wellen, die sich in Teilen fortbewegen.

Sichtbares Licht: Jener Bereich des Lichts der für das menschliche Auge wahrnehmbar ist und daher für unsere Wahrnehmung von Farbe verantwortlich ist.

Zurückgeworfenes Licht: Jener Teil des Lichts, der nicht von einem Objekt absorbiert wird, ist verantwortlich für unsere Wahrnehmung von Farbe.

Lichtbrechung: Änderung der Ausbreitungsgeschwindigkeit des Lichts in einem Medium. Je höher die Lichtbrechung in einem Edelstein, desto stärker „funkelt“ er. Die höchste Lichtbrechung weist der Diamant auf, gefolgt vom Zirkon.

Lot: Mehrere Edelsteine zusammengefasst zu einem (Verkaufs-)Paket.

Marquiseschliff: Schiffchenförmiger Schliff, für Investmentzwecke unbedingt zu meiden! Wird bei einem Wiederverkauf niedrig bewertet!

Meleeschliff: Üblicherweise verwendet für Diamanten kleiner Größe, zumeist noch nicht gefasst, bis zu einem Stückgewicht von 0,1 Karat.

Mineral: Eine natürlich vorkommende anorganische Substanz deren Härte von 1 bis 10 entsprechend der Moshs-Skala reichen kann.

Mogok: „Der" Fundort für Rubine und Saphire schlechthin. In Burma gelegen und die Minen werden seit etwa dem Jahr 1300 ausgebeutet (so lange gibt es Aufzeichnungen). Im Handel werden Steine aus Mogok oft als „old mine" bezeichnet und dann auch höher gehandelt. Der Nachweis, dass ein Stein genau aus Mogok stammt und nicht aus einer anderen Mine in Burma, ist schwierig zu führen.

Mohs: Im Jahr 1812 erfand der deutsche Geologe Friedrich Mohs eine Härteskala, die nach ihm benannt wurde und heute weltweit im Einsatz ist. Diese Härteskala beschreibt, welcher Widerstand einem eindringenden Gegenstand entgegengesetzt wird, und gibt damit Aussage darüber, welches Material ein anderes ritzen kann. Sie beginnt bei 1 (Talk) und geht bis 10 (Diamant). Für den Edelsteinhandel wichtig sind die Stufen 7 bis 10 (7 zum Beispiel Quarz, Turmalin und Tansanit, 8 zum Beispiel Topas und die gesamte Beryll-Gruppe, 9 Korund mit Rubin und Saphir und 10 der Diamant). Diese Skala ist nicht linear: So hat der Diamant mit Härte 10 die 120-fache Härte im Vergleich zum nächst folgendem Mineral, dem Korund.

Mong Hsu: Zweiter Fundort für Rubin in Burma neueren Datums; die Steine sind oft eisenhaltiger und damit bräunlicher als jene aus Mogok; auch sehr viele rissige Steine kommen vor. Daher werden diese Steine sehr oft gebrannt und/oder rissgefüllt.

Muzo: Smaragdmine in Kolumbien, aus der ein großer Teil der besten Smaragde der Welt stammt. Manchmal werden diese Smaragde aus Muzo mit „old mine" bezeichnet.

Organisch: Ein Edelstein, der sich aus organischem Material gebildet hat oder einmal Teil eines Lebewesens war. Beispiele sind Bernstein, Perle oder Koralle.

Orientperle: Echte, naturgewachsene Perle, nicht gezüchtet.

Ovalschliff: Der am häufigsten verwendete Schliff für Rubine und Saphire; bei diesen Edelsteinen erwartet man fast, dass diese Schliffform zur Anwendung kommt, daher auch hoch bewertet. Beim Diamant ist ein Stein im Ovalschliff um 20–35 Prozent billiger als ein gleich schwerer Stein im Brillantschliff.

Padparadscha: Oranger Saphir mit Pinktönung; der weitgehend einzige Steine bei welchem geringe Farbsättigung erwünscht ist.

Partie: Allgemeine Bezeichnung für eine Menge Edelsteine, roh oder geschliffen.

Pavee: In der Schmuckindustrie verwendet, um zu beschreiben, dass ein Schmuckstück mit einer großen Menge an kleinen Edelsteinen (häufig: Diamant, seltener Rubin oder Saphir) besetzt ist.

Pavillion: Der Teil des Schliffs eines facetierten Edelsteins unter der Rondiste.

Pleochroismus: Optischer Effekt, der beschreibt, dass ein Stein aus verschiedenen Richtungen betrachtet, verschiedene Farben aufweist.

Polariskop: Instrument in der Gemmolgie, mit dem festgestellt werden kann, ob ein Edelstein einfach- oder doppellichtbrechend ist. Wird in der Edelsteinuntersuchung als erstes Instrument herangezogen.

Primäres Vorkommen: Vorkommen von Edelsteinen im Boden, dort wo sie ursprünglich entstanden sind; zumeist in Gestein.

Rapaport: Martin Rapaport hat es geschafft, dass ihm eine große Reihe von Diamantengroßhändlern die wöchentlichen Großhandelsverkaufspreise von Diamanten melden. Auf Basis dieser Meldungen wird die Rapaport-Liste erstellt, die sich weltweit als Standard für Händler von Diamanten zur Preisangabe etabliert hat.

Refraktometer: Instrument in der Gemmologie mit dem die Lichtbrechung von Edelsteinen gemessen werden kann. Wird vom Gemmologen neben der Lupe und dem Polariskop als zweites Gerät bei der Untersuchung eines Edelsteins herangezogen.

Reinheit: Das relative Fehlen oder das Vorhandensein von Einschlüssen in einem Edelstein.

Rondiste: Die umlaufende Kante im Schliff eines Edelsteins, die den Oberteil vom Unterteil des Steins trennt. In die Rondiste eines Diamant wird die Nummer des jeweiligen Zertifikats mittels Laser eingebracht.

Rosendiamant: Neben dem Tafelschliff eine der ältesten Schliffformen. Über einem flachen Unterteil werden dreieckige oder rautenförmige Facetten geschliffen. Die sehr flache Ausführung heißt „Antwerpener Rose“, die hohe „Holländer Rose“.

Rough: Der fachtechnische Ausdruck für rohe, ungeschliffene Edelsteine.

Royalblue: Heute höchste von den Zertifizierungsstellen feststellbare Farbe, ein tiefes, sattes Blau, das trotz der Farbtiefe noch immer funkelt.

Investmenttipp: Es gibt Zertifikate, auch von renommierten Stellen, in denen diese Farbe bescheinigt wird, der Stein wirkt trotzdem matt und eher tot. Empfehlung: Kaufen Sie solche Steine nicht, auch wenn die Farbe vorliegt, ein Stein, der nicht „lebt“ , lässt sich nur schwierig wieder verkaufen.

Rubin: Roter Korund, Al_2O_3, Härte 9; gefärbt durch Chrom, teuerste Farbe: „Taubenblutrot". Finanziell am höchsten bewerteter Herkunftsort: Burma (speziell Mogok), dann Mozambique, Vietnam, Thailand, Rest-Ostafrika und Sri Lanka. Zum Investment eignen sich naturfarbene, unbehandelte Steine ab ein Karat Gewicht, besser ab zwei Karat in sehr guter Qualität sind überaus selten und sehr teuer, steigen auch am stärksten im Wert.

Häufigste Behandlungen: Hitze, um Farbe und Reinheit zu verbessern, unter Druck Eindrücken von Bleiglas oder Glas, um Risse zu füllen und die Reinheit zu erhöhen, Diffusion: Färben des Steines. Synthetisch hergestellte Steine sind häufig, vor allem in asiatischen Urlaubsorten.

Erwartete Wertsteigerung pro Jahr: vier bis sechs Prozent.

Investmenttipp: Kaufen Sie lieber wenige, dafür größere Steine!

Rutil: Hier handelt es sich um ein Mineral, das hauptsächlich aus Titanoxid (TiO_2) besteht. Rutil kommt sehr häufig in Rubinen und Saphiren vor, bildet dort Kristalle im Stein, die auch oft mit freiem Auge zu sehen sind. Ist Rutil sehr fein verteilt, spricht man von der sogenannten „Seide". Im Handel sagt man dann auch, der Saphir habe einen „verträumten Blick". Rutil wird geschätzt, weil das Bestehen dieser Kristalle bedeutet, dass der Stein nicht hitzebandelt wurde und damit naturfarben ist. Würde der Stein hitzebehandelt, schmelzen Rutilkristalle aus und werden damit zerstört. Damit ist im Mikroskop erkennbar, dass der Stein behandelt wurde.

Sammlerstein: Meist seltener, kommerziell kaum verwendeter Edelstein, der von Interessierten gesammelt wird.

Saphir: Korund mit jeder Farbe außer Rot (dies wird „Rubin" genannt), Al_2O_3, Härte 9; gefärbt durch Eisen, Titan und andere, teuerste Farbe: „royal blue". Finanziell am höchsten bewerteter Herkunftsort: Kaschmir (Indien), danach Burma (berühmtester Fundort: Mogok), gefolgt von Sri Lanka und Madagaskar. Zum Investment geeignet sind naturfarbene, unbehandelte Steine ab ein Karat Gewicht, besser ab zwei Karat. Es werden weit größere Steine als beim Rubin gefunden, große Steine in sehr guter Qualität sind selten und teuer, steigen allerdings auch am stärksten im Wert.

Häufigste Behandlungen: Hitze um Farbe und Reinheit zu verbessern, unter Druck Eindrücken von Bleiglas oder Glas, um Risse zu füllen und die Reinheit zu erhöhen, Diffusion: Färben des Steines. Synthetisch hergestellte Steine sind häufig, vor allem in asiatischen Urlaubsorten.

Erwartete Wertsteigerung pro Jahr: drei bis fünf Prozent.

Investmenttipp: kaufen Sie lieber wenige, dafür größere Steine!

Schliff: Die Anordnung von Facetten auf und an einem Edelstein, aber auch seine Symmetrie und Proportionen.

Schliffarten: Facetten- oder Glattschliff.

Schliffformen: Rund, oval, antik, Rechteck, Quadrat etc.

Schmuck: Investmentsteine können gerne zu Schmuck verarbeitet werden, der Goldschmied sollte aber auch wissen, was er tut, um zum Beispiel das Absplittern von Facetten zu vermeiden. In dieser Hinsicht von Angeboten von Goldschmieden, die zu Dumping-Preisen arbeiten, Abstand nehmen! Fragen Sie, wie viele ähnliche Steine der Goldschmied schon gefasst hat und ob er sich mit dem Fassen Ihres Steines komfortabel fühlt. Nicht getragener Schmuck mit hochwertigen Edelsteinen sollte geschützt aufbewahrt werden, zum Beispiel jedes Stück einzeln in einem Samtbeutel.

Seide: Bezeichnung für einen selten auftretenden Effekt in blauen Saphiren aus dem Kaschmir-Gebiet und aus Burma. Es handelt sich dabei, um ganz feine eingelagerte Rutilnadeln, die zu einem im Stein leicht hin und her wogenden Effekte in Silber führen. Ein Ausdruck für dieses Wogen ist, dass der Stein „einen schläfrigen Blick habe“. Seide ist Wert erhöhend.

Seife: Örtliche Anreicherung von Edelsteinen in sekundären Lagerstätten.

Sekundäre Lagerstätte: Fundort von Edelsteinen; ein Ort an dem die Steine nicht entstanden sind, sondern, wohin sie durch zum Beispiel Wasser oder Wind transportiert wurden.

Smaragd: Ist die grüne Varietät des Berylls. Härte: 7,5 bis 8, wichtigster Fundort Kolumbien, gefolgt von Sambia, Brasilien und Russland.

Smaragd weist von Natur aus zumeist Risse auf, diese werden bereits seit dem Altertum gefüllt, zuerst mit Zedernöl, heute mit Kunstharz. Der Grad dieser Füllung wird im Zertifikat vermerkt. Weil der Stein ja üblicherweise Risse hat, soll er möglichst nicht erhitzt werden und soll auch nicht in ein Ultraschall-Reinigungs-Gerät gelegt und damit gereinigt werden.

Bei alten Steinen (antiker Schmuck) kann das Öl aus dem Stein verschwunden sein, wenn man den Stein in Öl legt, gewinnt er einiges von seiner alten Ausstrahlung zurück.

Investmenttipp: Am beliebtesten sind tiefgrüne Steine, welche trotzdem Leben haben, an erster Stelle aus Kolumbien, noch besser aus der Muzo-Mine. Kaufen Sie Smaragde mit möglichst wenig Behandlung. Warum möglichst wenig? Weil ja kaum Steine ohne Behandlung auf dem Markt sind.

Smaragdschliff: Eckiger, lang gezogener Schliff, der als Idealschliff für Smaragd gesehen wird, daher sein Name. Im Handel auch gerne gesehen bei Aquamarin oder Tansanit. Kommt nahezu niemals bei Rubin vor.

Solitär: Ein einzelner, größerer Edelstein, in Schmuck gefasst. Im Gegensatz zum Pavee, wo viele kleine Edelsteine zusammen verarbeitet werden. Zumeist verwendet für Diamantsolitäre.

Spaltbarkeit: Eigenschaft einiger Edelsteine, entlang ihrer Netzebenen teilbar zu sein. Sehr wichtig unter anderem beim Diamant, weil dieser eine perfekte Spaltbarkeit aufweist; wird diese nicht beachtet, kann auch der Diamant bei einem Schlag geteilt werden.

Spektrum: Die Breite sichtbaren Lichts von Violett bis Rot, welche das sichtbare Licht ergibt.

Spezies: Typ(en) von Mineral(ien) mit der gleichen atomaren Struktur und der gleichen basistechnischen chemischen Zusammensetzung.

Spinell: Edelstein der Härte 8, kann alle Farben annehmen; der rote Spinell wurde lange Zeit mit Rubin verwechselt, da er oft mit diesem in gemeinsamen Lagerstätten vorkommt. Ist heute gemmologisch einfach vom Rubin zu unterscheiden, da Spinell einfachlichtbrechend ist, während Korund und damit Rubin doppellichtbrechend ist.

Synthese oder synthetisch: Ein Material mit identischen physikalischen und chemischen Eigenschaften wie ein natürlicher Edelstein, jedoch von Menschen hergestellt.

Tansanit: Farbstein, der zur Gruppe des Zoisits gehört, Härte rund 7, zumeist blau, auch grau und gelblich. Wie sein Name sagt, kommt er aus Tansania. Weltweit sind keine anderen Vorkommen in Edelsteinqualität bekannt.

Der Stein erfuhr in Folge des Films „Titanic" ein Hoch, da die im Film über Bord geworfene Kette einen großen Tansanit enthielt. Kurzfristig verdoppelten sich die Preise, sind dann aber wieder auf das vorhergehende Niveau zurückgegangen. Rund 80 bis 90 Prozent der im Umlauf befindlichen Steine sind hitzebehandelt, was aber weitgehend akzeptiert wird, da sonst fast kein Material auf dem Markt wäre.

Investmenttipp: Die Lagerstätten in Tansania sind auf ein Gebiet von nur rund 7x1,2 Kilometer verteilt und diese Lagerstätten gehen zuneige. Kann sich als spekulatives Investment eignen, kaufen Sie Steine nur ab drei Karat Gewicht.

Taubenblut (auch „pigeonblood" genannt): Jene Farbe, die man sich beim Rubin wünscht und die am höchsten bewertet wird. Die Farbe soll angeblich dem Blut einer frisch geschlachteten Taube entsprechen. Wird bei Vorliegen auch in Zertifikaten bestätigt und erhöht den Wert eines solchen Steines dramatisch.

In letzter Zeit bezeichnet der Begriff nicht nur eine Farbe, sondern optimale Farbe, sehr guter Schliff, wenige bis keine Einschlüsse und das Faktum, dass der Stein nicht behandelt wurde. Wird von den unterschiedlichen Labors unterschiedlich verwendet.

Investmenttipp: Es gibt Zertifizierungsinstitute, die klein im Zertifikat angeben „Farbe erinnert an Taubenblut" – dies ist k e i n e Bestätigung der begehrten „Taubenblut"-Farbe.

Transparenz: Jene Menge Licht, die durch einen Edelstein dringt. Abfolge in den Bezeichnungen: transparent, transluzent bis opaque.

Tropfenschliff (auch „Birnenschliff" genannt): Birnenförmiger Schliff, für Investmentzwecke unbedingt zu meiden! Wird bei einem Wiederverkauf niedrig bewertet! Einzige Ausnahme: Wenn er bei sehr großen Smaragden zur Anwendung kommt.

Tsavorit oder Tsavolith: Smaragdgrüner Granat der Gruppe Grossular.

Unterschiebung: Versuch, minderwertige Steine oder Synthesen als natürliche, hochwertige Edelsteine auszugeben.

Varietät: Eine Unterteilung eines Minerals, welche wichtige Charakteristika mit derselben Spezies gemeinsam hat, aber genügend chemische Abweichung aufweist, um verschieden davon zu sein. Beispiel: Rubin und Saphir sind zwei Varietäten des Korunds.

Verneuil-Verfahren: Verfahren zur Herstellung synthetischer Edelsteine; das Ausgangspulver wird in einer Knallgasflamme aufgeschmolzen, tropft auf einen sich drehenden Keimkristall, der zu einer Schmelzbirne wächst.

YAG: Yttrium-Aluminium-Granat, künstliches Produkt, Härtegrad 8 bis 8,5, das als Unterschiebung für Diamant verwendet wird.

Zedernholzöl: Natürliches Öl, zum Auffüllen von Rissen in Smaragden.

Zertifikat: Das Zertifikat zum Edelstein hat in den letzten Jahren immer mehr an Bedeutung gewonnen, vor allem bei einem möglichen Wiederverkauf. Verlangen Sie für Investmentzwecke ein internationales Zertifikat, egal ob ein größerer Edelstein lose oder gefasst gekauft wird. Die Bestätigung des Juweliers, bei dem Sie kaufen, hat international kaum Bedeutung, Zertifikate von internationalen Stellen sehr wohl.

Verstehen Sie aber auch Ihren Händler, wenn er auf den Wert des Steins hinweist: Zertifikatskosten beginnen bei rund 30 Euro für einen Stein (zum Beispiel: Gemmological Institute of India – GII) und gehen bis zu 1.000 Euro pro Stein bei Gübelin oder SSEF. Kaum jemand wird zu einem Saphir, der zum Beispiel 1.200 Euro kostet, ein Gübelin-Zertifikat um 350 Euro kostenfrei anbieten.

Höchst anerkannt bei Diamanten: GIA und HRD. Weiter anerkannt: IGI, Gübelin, Deutsche Gemmologische Gesellschaft (DGemG), Schweizer Gemmologische Gesellschaft (SSEF).

Höchst anerkannt bei Farbsteinen: Gübelin, Schweizer Gemmologische Gesellschaft (SSEF), Gemmological Institute of America (GIA), weiter anerkannt: GRS, Deutsche Gemmologische Gesellschaft (DGemG), International Gemmological Institute (IGI).

Ziehverfahren: Methode zur Herstellung synthetischer Steine; der synthetische Kristall wird durch Drehen direkt aus der Schmelze gezogen.

Zirkonia, auch KSZ: Synthetisches Material, Härtegrad 8,5, das als Unterschiebung für Diamant verwendet wird, nicht zu verwechseln mit dem natürlichen Edelstein Zirkon.

Zonierung: Eine scharf abgegrenzte Änderung der Farbe eines Edelsteins innerhalb eines Kristalls oder geschliffenen Steins.

Literatur

Jung, Carl Gustav; Jung Lorenz: „Archetypen", dtv-Verlag, 2014

Bonke, Michael: „Die Mystik des Diamanten", Deggendorf, 2009

Crowe, Judith: „Handbuch Schmuck- und Edelsteine", Haupt Verlag, Bern, Stuttgart, Wien, 2008

Erni, Franz-Xaver und Gübelin, Eduard: „Edelsteine", Verlag Hans Schöner GmbH, Königsbach-Stein, 1999.

Henn, Ulrich; Milisenda, Claudio, C.: „Edelsteine und ihre künstlichen Eigenschaftsverbesserungen" in „Gemmologie – Zeitschrift der Deutschen Gemmologischen Gesellschaft", Idar-Oberstein, Jahrgang 54, Heft 4, Dezember 2005

Henn, Ulrich: „Edelsteinkundliches Fachwörterbuch", Deutsche Gemmologische Gesellschaft, Idar-Oberstein

Henn, Ulrich: „Praktische Edelsteinkunde", 3. Auflage, Idar-Oberstein, 2013.

Hochleitner, Rupert: „Der neue Kosmos-Mineralienführer"

Hughes, Richard W.: „Ruby and Sapphire, a collectors guide", Gem and Jewelry Institute of Thailand, Bangkok, 2014

Hughes, Richard W; Manorothkul, W.; Hughes, E., Billie.: „Ruby and Sapphire, a gemologist's guide", RWH Publishing/Lotus Publishing, Bangkok, 2017

Kunz, George, F.: „International economic importance of precious stones in times of war and revolution", 1921

Menkes, Suzy; Becker, Vivienne; Doulton, Maria; Hard, Joanna; Hald, Nina; Foulkes, Nicholas; Harris, Joanne: „Graff. Creating Diamond History", Rizzoli Verlag, New York.

Newman, Renée: „Gemstone Buying Guide", 3. Auflage, International Jewelry Publications, Los Angeles, 2016

Newman, Renée: „Ruby, Sapphire and Emerald Buying Guide", 3. Auflage, International Jewelry Publications, Los Angeles, 2009

Roberts, Hugh: „Die Diamanten der Queen", Gerstenberg Verlag, London, 2011

Schlüssel, Roland: „Mogok Myanmar. Eine Reise durch Burma zu den schönsten Rubinen und Saphiren der Welt.", Christian Weise Verlag

Sondheim, Alphonse de: „Vitrine XIII", Paul Zsolnay Verlag, Wien – Hamburg, 1966

Schumann, Walter: „Edelsteine und Schmucksteine", BLV Buchverlag, 18. Aktualisierte Auflage, 2017

Suwa, Yasukazo: „Gemstones: Quality and Value“, Volume 1, Sekai Bunka-Sha, 1999

Suwa, Yasukazo: „Gemstones: Quality and Value“, Volume 2, Sekai Bunka Publishing Inc., 2002

Suwa, Yasukazo: „Gemstones: Quality and Value“, Volume 3- Jewelry, Sekai Bunka-Sha, 2001

ZEITUNGSARTIKEL

Berliner Zeitung: „Klein, funkelnd, wertvoll“: 28. April 2014: http://www.genios.de/presse-archiv/artikel/BEZE/20140428/klein-funkelnd-wertvoll/MDS-A-80A24634-CBEF-408C-8C9B-F0BD61D86894.html

Focus-Money: „Lupenreine Zukunft“, 37/2013: http://pretagus.de/wp-content/downloads/direktinvestment/Presseartikel_FocusMoney.pdf

Frankfurter Allgemeine: „Der Klunker wird teuer“, 25. April 2014: http://www.faz.net/aktuell/wirtschaft/agenda/diamanten-werden-immer-knapper-und-teurer-12909667.html

Handelsblatt: „Begehrte Diamanten. Ab 2019 dürfte die Nachfrage das Angebot übersteigen“, 3. März 2015

Kurier: https://kurier.at/wirtschaft/edelsteine-der-juni-wird-ein-juwelen-monat/199.503.071, 21. Mai 2016

Trend: https://www.trend.at/finanzen/rohstoffe-waehrungen/investieren-diamanten-tipps-geldanlage-edelsteine-376769, 15. Juli 2014

Welt N24: https://www.welt.de/finanzen/article150167610/Die-gefaehrliche-Verlockung-des-festlichen-Glitzerns.html, 20. Dezember 2015

Welt N24: https://www.welt.de/finanzen/geldanlage/article160504446/Wie-Sie-Ihr-Geld-klug-in-Diamanten-investieren.html, 22. Dezember 2016

WirtschaftsWoche online: „Brillantes Investment – lohnen Diamanten mehr als Gold?“ 7. Mai 2014: http://www.wiwo.de/finanzen/geldanlage/brillantes-investment-stabile-alternative/9844572-2.html

Suwa, Yasukazo: „Gemstones: Quality and Value“, Volume 1, Sekai Bunka-Sha, 1999

Suwa, Yasukazo: „Gemstones: Quality and Value“, Volume 2, Sekai Bunka Publishing Inc., 2002

Suwa, Yasukazo: „Gemstones: Quality and Value“, Volume 3- Jewelry, Sekai Bunka-Sha, 2001

ZEITUNGSARTIKEL

Berliner Zeitung: „Klein, funkelnd, wertvoll“: 28. April 2014: http://www.genios.de/presse-archiv/artikel/BEZE/20140428/klein-funkelnd-wertvoll/MDS-A-80A24634-CBEF-408C-8C9B-F0BD61D86894.html

Focus-Money: „Lupenreine Zukunft“, 37/2013: http://pretagus.de/wp-content/downloads/direktinvestment/Presseartikel_FocusMoney.pdf

Frankfurter Allgemeine: „Der Klunker wird teuer“, 25. April 2014: http://www.faz.net/aktuell/wirtschaft/agenda/diamanten-werden-immer-knapper-und-teurer-12909667.html

Handelsblatt: „Begehrte Diamanten. Ab 2019 dürfte die Nachfrage das Angebot übersteigen“, 3. März 2015

Kurier: https://kurier.at/wirtschaft/edelsteine-der-juni-wird-ein-juwelen-monat/199.503.071, 21. Mai 2016

Trend: https://www.trend.at/finanzen/rohstoffe-waehrungen/investieren-diamanten-tipps-geldanlage-edelsteine-376769, 15. Juli 2014

Welt N24: https://www.welt.de/finanzen/article150167610/Die-gefaehrliche-Verlockung-des-festlichen-Glitzerns.html, 20. Dezember 2015

Welt N24: https://www.welt.de/finanzen/geldanlage/article160504446/Wie-Sie-Ihr-Geld-klug-in-Diamanten-investieren.html, 22. Dezember 2016

WirtschaftsWoche online: „Brillantes Investment – lohnen Diamanten mehr als Gold?“ 7. Mai 2014: http://www.wiwo.de/finanzen/geldanlage/brillantes-investment-stabile-alternative/9844572-2.html